真宗文庫

浄土真宗とは何か

―『教行信証』のこころ―

金子大榮

東本願寺出版

もくじ

最終章　「真宗」とは―仏教の真宗と教団の真宗―……………………199

おわりに

〈凡例〉

＊本文中の「聖典」とは、東本願寺出版発行の『真宗聖典』を指します。

＊本書は一九八〇年初版発行の『真宗入門―『教行信証』のこころ―』を文庫化したものですが、文庫化に際し東本願寺出版の責任の下、以下のとおり編集を加えました。

・読みやすさを考慮して一部文言を修正、ルビを追加整理し、仮名遣いを現代仮名遣いに統一しました。

・各章で著者が主に取り上げている『教行信証』の本文を章頭に記載し、また項末註を追加しました。

はじめに

これから「真宗」という題でお話しいたします。まず、なぜこういう題で話すようになったのか、そこから話してみたいと思います。

私には孫がたくさんおります。もう一人前になったのもおりますし、まだ幼年・少年といったのもおります。その孫にいろいろな事を問われたのです。一人は「信ずるということは、どういうことですか」と聞いてきました。それは郷里から葉書きをよこしたのですが、まだ何とも返事をしておりません。それは〝信心とはどういうものであるか〟と聞きたいのであろうと思います。

また一人の孫は「真宗という宗旨《しゅうし》はどういうことをいうのですか」と聞いてきました。これは簡単には答えておきましたものの、十分とはいえません。まあ長生きをしまして、たいがいの事は思って、考えても来ましたので、ものを問われて困るということはあまりないのです。けれどもあまり身近な、また年のいかない子どもにこういう大事な問題を問われてみると、はなはだ困ったのです。どのように返事をしたらいいものかと。

こういうことは、「師に代わりて教えていただく」ということがありまして、大事なことは親が教えるのではなく、先生に教えていただくのです。たとえば親が「親に孝行せよ」ということはいえない。それは先生から教えてもらわなくてはならない、ということです。このように、人間がこうしていかなくてはならないというような大事なことは、先生に教えていただくのが道ではないかと思うのです。

一方、いわゆる不良少年が多いとか、少年犯罪が起こるということは、家庭教育がいきとどかないからだといわれておりますけれども、それはどういうものでしょうか。

そこには家庭教育とはどんなものかという問題があると思います。もしその教育というものが知識を授《さず》けることであるならば、今日は私たちの時よりは、むしろいきとどいているように思うのです。何せ学校では宿題というものを出しますが、その宿題を教えてやるのはたいていパパやママですからね。だから家庭教育というものがそういうものであるならば、いきとどかないどころか、今日ほどいきとどいている時代はないのではないかと思います。

そうしますと、家庭教育というのは知識を授けることではない。これは人間の道徳とか、あるいはもう少し根本的な宗教精神とかいうようなものであるに違いありません。ところが、それは今申しましたように、親では言葉として教えることはできません。親はただ心で念じ、行いで示すより他ないのです。「心で教えるはもとなり、身で教えるはあとなり」。これは教師でも親でも同じことですが、特に親としては心得ておかねばならないことです。教えというものは、心で教えることが根本である。心で教えるということは、心で念ずることであって、立派な人間になって欲しい、まじめな生活を送って欲しいという、その親ごころというもの、それが根本である。身の教えとは、体でみせるということです。それをあとなりという。そのあととは前後のあとではありません。足跡のあとです。行跡と申しますか、つまりこうするものだと身で示すことである。この身で示すということ、これが大事なことなのです。

たとえば宗教の場合におきましても、親たちが朝晩お内仏《ないぶつ》で手を合わせますと、子どもたちに向かってお詣《まい》りせよといわずとも、いつの間にかそうするのです。それを強《し》いて言葉で教えることになると、逆効果になることが多いのです。といっても、教える者がなければ、真実にその道を知るということもないでしょう。その道を言葉として教えるのが先生であり、教師です。

これはある先生のお話ですが、「何ごとにも行儀のよい子が、新聞を持ってくる時だけは〝おとうちゃん、新聞！〟といって寝そべります。これは変だとよく考えてみますと、自分が新聞を読む時は、いつも寝そべって読んでいる。それでもう新聞というものは、寝そべって読まねばならんもんだと子どもは考えていたらしい」といわれました。

ややもすれば道徳的なことは、親にいわれると強《し》いられるように感じる上に、どんな人でも子どもたちに見られると、「言葉」と「行《おこない》」との矛盾があるのでしょう。それが先生に教えられるとなれば、喜んで聞くということにもなるのです。

こういうことをいろいろと思いわずらいまして、一つ思い立ちましたことは、子どもたちの心となり、真宗の教えを聞く道がないかということです。そこで一つ老人が願いを立てたのですが、それは青少年にもわかるように、親鸞聖人の著された『教行信証《きょうぎょうしんしょう》』についてお話しできないものであろうかということです。

ご承知のように『教行信証』は非常に難しい書物であって、相当の知識人でも力およばずと嘆かれているのです。しかしながら、すぐれたものはどんな偉い人でもわからないという一面があると同時に、どんな人にもわかるという、そういう一面をもっているのです。だからその容易にわからないというようなものをさしおきまして、これならば仏教にふれたことのない人でもわかる、というようにしてみたい。そして『教行信証』の全文とはいきませんが、要所要所だけでも意訳をまじえつつ、お話ししてみたいものだという願いを起こしました。

第一章　『教行信証』の世界

『教行信証』の組み立て

　さて、『教行信証』は、まずはじめに「総序《そうじょ》」の文《もん》、それから「教巻《きょうのまき》」「行巻《ぎょうのまき》」「信巻《しんのまき》」「証巻《しょうのまき》」「真仏土巻《しんぶつどのまき》」「化身土巻《けしんどのまき》」それに「後序《ごじょ》」の文《もん》から成り立っており、「信巻」の前に「別序《べつじょ》」があります。

　それで、私は「教巻」を「教えの巻」といい、「行巻」を「みのりの巻」、「信巻」を「いわれの巻」、「証巻」を「さとりの巻」としてみました。

「教」は「教え」でわかると思います。さて「行」は「法」にしたがうものですから、「行巻」に顕《あらわ》れたお名号《みょうごう》はすなわち「みのり」です。また「信心」は本願のいわれを聞くことですから、「信巻」は、「いわれの巻」といっていいでしょう。「証」は「さとり」です。

　そして「真仏土巻」ですが、これは「み国の巻」、また「化身土巻」は真実へと導かれる「てびきの巻」ではどうかと思っています。しかしこれはまだ決めるには、もっと考えてみたいと思います。

それにしましても、一番はじめに序文というものがありますが、それはどうもそう簡単には訳せない。何せ非常に感銘《かんめい》の深いもので、親鸞聖人のお感じというものを、精いっぱいお出しになったのですから、これだけはもう一字一句どうすることもできません。

「竊《ひそ》かに以《おもん》みれば、難思《なんし》の弘誓《ぐぜい》は難度海《なんどかい》を度《ど》する大船《たいせん》、無碍《むげ》の光明《こうみょう》は無明《むみょう》の闇《あん》を破《は》する恵日《えにち》なり」（「総序」・聖典一四九頁）と、こう説きはじめられて、「聞《き》くところを慶《よろこ》び、獲《う》るところを嘆《たん》ずるなりと」と結んであります。ただこれを朗読し、拝聴《はいちょう》して、そしてつきないお心持ちに参加するより他ないのです。

そういうことを念頭におきながら、「真宗」の話を聞いていただきたいと思います。

〝感〟の大切さ

これは『教行信証』にかぎったことではないかもしれませんが、広く仏教の書物を読み、今この序文を読んで思いますことは、およそ私たちの考えなくてはならないものは、「自然」あるいは「大」の字をつけて「大自然」と申しますが、その広大にして永遠なる無限の宇宙というものです。この永遠無限という言葉のもっている感情内容は、大自然から得たに違いありません。だからその自然というものに対する感情のない人には、おそらく永遠無限という言葉のもっている感情内容というものは出てこないのではないかと思うのです。

以前テレビを見ていましたら、二、三の私の知っている方が「今世《こんせ》と来世《らいせ》」という題で対談しておられました。それを聞いて私は現代の学者というものは、いかに知識のすぐれているものであるかということを感じたのです。しかし「知」というものには必ず「感」というものがいるのです。「私はこう考える」という言葉は「感がいる」ということではないでしょうか。だから知識といっても、その底に「感」がいるようです。そうして、これが「考える」ということの元になっているのではないかと思います。したがって、その感を抜いてものを知ろうとしても、それは無理ではないか、今日のもの知りのおっしゃることをみますと、たくさん知っておられるけれども、何か「感」のない「知」だけであるような気がしてならないのです。

宗教の世界は超知識的なものであるといわれ、また次元の高いものであるといわれましても、それを知識的に受け取っているために、立体的なものになっていない。それで知識人には、宗教のことも平面的にしか考えられないのです。しかし、そこに「感」があれば、それがどんな平凡な知識であっても、そこに私たちに何かを思わせるものがあります。その「感」というものなしに「永遠無限」というものをいっても、それは何のことかわからない。

永遠無限なるもの

この永遠無限という感情を養うものは、何といっても「自然」というものでしょう。山河を見たり、大海を見たり、星空を仰いだりして永遠無限というものを感じるのです。これを今日の学問からいいますと、永遠無限というものはない。宇宙も滅びることがあるといいます。ですから「感」のないものには、永遠無限という言葉はもう意味をもたなくなっているのかもしれません。

しかし私たちが、人間としてこの世に生を受けたかぎりは、何か人生の背景に永遠無限なるものを感じるのです。それは先に申しましたように、大自然の姿がそれを教えてくれるのです。ことに月の光というものが、何か永遠無限というものを感じさせてくれるのではないでしょうか。真宗の書物を見ましても、禅の書物を見ましても、必ずその無限というものをあらわす時に、月の譬《たとえ》が出ております。

「わずかなる庭の小草の白露をもとめて宿る秋の夜の月」（『山家集』）と、「ひろくおおきなる光にてあれど、尺寸の水にやどり、全月も弥天《みてん》も、くさの露にもやどり、一滴の水にもやどる」（『正法眼蔵』）と、そこに我われは永遠無限というものを感ずるのです。

このように永遠無限というものは、すべてをその内に包み、そしてすべてのものの内にその姿をあらわす。だが限りない限りないといって、限りあるものを拒《こば》むだけではなく、あらゆるものの中に、その限りなき姿をあらわすようなもの、それが無限でなくてはならない。

さて、先のテレビ対談「今世と来世」の話にもどりますが、今世と来世という話を聞きまして、「来世といいましても、結局、私たちが生まれない先の世界である」ということを思いました。

来世というのは、私たちの人生を裏づけるもの、すなわち人間世界というものがそれによって成り立つもの——たとえば昼の世界というものがあって、それを裏づける夜の世界というものがあるように、そして、その夜の世界は案外、昼の世界を包んでいるといったようなものでしょう。寂光《じゃっこう》という言葉がありますが、その寂光に照らされているところの背後の世界、それが表に出てくると、後世《ごせ》とか、次の世、あるいは来世ともいえるのではないでしょうか。

ともあれ、そういうことにおいて、人間はこの大自然というものと、自分というものとの関係を、深く感ぜずにはいられません。そして敬虔《けいけん》感情と私はいつも申しますが、その敬虔感情というものは、まずここから生まれてくるものでしょう。大地にひざまずいて、そして手を合わせる心、そういった敬虔感情というものは、大自然を背景として、そしてそこに自分の生というものを見出《いだ》した時に、おのずから養われるものであるに違いありません。とすれば、親鸞聖人がここで「難思《なんし》の弘誓《ぐぜい》は難度海《なんどかい》を度《ど》する大船《たいせん》」と申されたことも、この永遠無限なるものを、自分をふくめて人生の上に感じられたものに他ならないのでしょう。難度海《なんどかい》の人生において感じられる永遠無限なるもの、それが如来の本願というものです。

限りなきいのち

私はこの願いというものを明らかにする前に、いのちというものをここで考えてみたいと思います。「正信偈《しょうしんげ》」のはじめに「帰命無量寿如来《きみょうむりょうじゅにょらい》　南無不可思議光《なむふかしぎこう》」と出てきます。あの量《はか》りなきいのちというものは、どこに感じられるかというと、この永遠無限なるそこからくるのです。たとえ朝咲いて夜散る花であっても、その中には無限のいのちがある。その限りなきいのちによって、そこに花が咲いているのである。だから、たとえ今日一日のいのちではあっても、その内側にはつきぬいのちというものを感じるのです。

永遠無限なるその大なる力は、それが我われの生のよって立つところの本当のいのちです。そして、それを内感せしめるものは、日月の光です。したがって、仏の智慧《ちえ》というものも、「無碍《むげ》の光明《こうみょう》は無明《むみょう》の闇《あん》を破《は》する恵日《えにち》なり」（「総序」・聖典一四九頁）と受容されたのです。こうして、光といのちという二つを、まず大自然の内外から感じとってきたものに違いないと思うのです。

いのちに光なくば、それは慈悲《じひ》ではないでしょう。無量寿ということは、光あるいのちということであり、いのちに光があるからこそ、慈悲と感じられるのです。

大自然の力というものは、人間のためになるものか、人間のためにならないものかはわからんと、そういうこともいえますが、敬虔感情をもっている人、念仏する者はそうは考えません。すべて自分を育ててくれるところの慈悲の内であると感じられるのです。それは光を見出した姿でしょう。ですから、生きるいのちに光を感ぜられる時、慈悲が慈悲として私自身に素直にうなずけるのであり、また逆に光にいのちがなければ、それは本当の智慧とはならないでしょう。

今日、知識といいますものも一つの光であるかもしれません。けれどもそこにいのちがないならば、それを智慧の光ということはできないのです。このように光といのちというものを、大自然を背景として感じたところに、願いというものが出てくる。それが仏の願いであり、その願いのはたらきが私たちの上にあらわれて、いのちと光とになるのである。ここに宗教というものの根本的な立場があると思うのです。

第二章

『教行信証』「総序《そうじょ》」のこころ

竊《ひそ》かに以《おもん》みれば、難思《なんし》の弘誓《ぐぜい》は難度海《なんどかい》を度《ど》する大船《たいせん》、無碍《むげ》の光明《こうみょう》は無《む》明《みょう》の闇《あん》を破《は》する恵日《えにち》なり。しかればすなわち、浄邦縁熟《じょうほうえんじゅく》して、調達《じょうだつ》、闍世《じゃせ》をして逆害《ぎゃくがい》を興《こう》ぜしむ。浄業機《じょうごうき》彰《あらわ》れて、釈迦《しゃか》、韋提《いだい》をして安養《あんにょう》を選ばしめたまえり。これすなわち権化《ごんけ》の仁《にん》、斉《ひと》しく苦悩の群萌《ぐんもう》を救済《くさい》し、世雄《せおう》の悲《ひ》、正《まさ》しく逆謗闡提《ぎゃくほうせんだい》を恵《めぐ》まんと欲《おぼ》す。かるがゆえに知りぬ。円融至徳《えんゆうしとく》の嘉《か》号《ごう》は、悪を転じて徳を成《な》す正智《しょうち》、難信金剛《なんしんこんごう》の信楽《しんぎょう》は、疑いを除《のぞ》き証《さとり》を獲《え》しむる真理なりと。しかれば、凡小修《ぼんしょうしゅ》し易《やす》き真教《しんきょう》、愚鈍往《ぐどんゆ》き易《やす》き捷径《せっけい》なり。大聖《だいしょう》一代の教《きょう》、この徳海にしくなし。穢《え》を捨て浄《じょう》を欣《ねが》い、行《ぎょう》に迷《まど》い信に惑《まど》い、心昏《くら》く識寡《さとりすく》なく、悪重く障《さわり》多きもの、特《こと》に如来の発遣《はっけん》を仰《あお》ぎ、必ず最勝の直道《じきどう》に帰《き》して、専らこの行に奉《つか》え、ただこの信を崇《あが》めよ。ああ、弘誓の強縁《ごうえん》、多生《たしょう》にも値《もうあ》いがたく、真実の浄信《じょうしん》、億劫《おっこう》にも獲《え》がたし。たまたま行信《ぎょうしん》を獲《え》ば、遠く宿縁《しゅくえん》を慶《よろこ》べ。もしまたこのたび疑網《ぎもう》に覆蔽《ふへい》せられば、かえってまた曠劫《こうごう》を径歴《きょうりゃく》せん。誠なるかなや、摂取不捨《せっしゅふしゃ》の真言《しんごん》、超世希有《ちょうせけう》の正法《しょうぼう》、聞思《もんし》して遅慮《ちりょ》することなかれ。

（『教行信証』「総序」・聖典一四九～一五〇頁）

業縁《ごうえん》の歴史

真宗とは真実の宗教ということです。『教行信証』の「総序《そうじょ》」の文のはじめには「竊《ひそ》かに以《おもん》みれば、難思《なんし》の弘誓《ぐぜい》は難度海《なんどかい》を度《ど》する大船《たいせん》、無碍《むげ》の光明《こうみょう》は無《む》明《みょう》の闇《あん》を破《は》する恵日《えにち》なり」とあります。

そこに私は親鸞聖人が大自然を背景として、人間生活というものを感じておられたのであると申し上げたいのです。ところが「しかればすなわち、浄邦縁《じょうほうえん》熟《じゅく》して、調達《じょうだつ》、闍世《じゃせ》をして逆害《ぎゃくがい》を興《こう》ぜしむ。浄業機《じょうごうき》彰《あらわ》れて、釈迦《しゃか》、韋提《いだい》をして安養《あんにょう》を選ばしめたまえり。これすなわち権化《ごんけ》の仁《にん》、斉《ひと》しく苦悩の群萌《ぐんもう》を救済《くさい》し、世雄《せおう》の悲《ひ》、正《まさ》しく逆謗闡提《ぎゃくほうせんだい》を恵《めぐ》まんと欲《おぼ》す」と、こういっておられます。これは前の「難思《なんし》の弘誓《ぐぜい》……」とある言葉よりは、身近にいただくことができるのです。

「しかればすなわち」ということは、「この道理があって」ということでしょう。大自然の上において、永遠無限なるものが感じられる。すなわちいのちと光なるものを感じることができる。「こういう道理があればこそ、昔、韋提希《いだいけ》夫人《ぶにん》が提婆《だいば》・阿闍世《あじゃせ》の罪によって悩まれて、そして救いをお釈迦さまに求められたということが、浄土の教えというものがこの世にあらわれるところの機縁となったのです」と、こういっていいと思います。ここに人間の歴史というものがあります。宗教は永遠と今との関係だけでなく、それを人間の歴史というものの上に考えるのです。

ここで提婆・阿闍世・韋提希・釈迦という四人の人物を登場させて、そこに浄土教というものが出てきたのです。ここに切っても切れない人間関係というものがあるということでしょう。

切っても切れない人間の関係、提婆はお釈迦さまの従兄弟《いとこ》である。そして阿闍世は韋提希夫人の子です。従兄弟である提婆は、自分は偉いのだから、お釈迦さまの後継になって、できればお釈迦さまをやめさせて、自分が教団の頭領となろう。阿闍世も相当偉いから、父王をやめさせてマガダ国の王として、第二の仏陀と第二の国王とでもって、大いに新しい教団を作ろうではないか、ということが提婆の野心であったということです。

その提婆は、悲しくもお釈迦さまの従兄弟なのです。とすれば、お釈迦さまにしてみれば提婆は提婆、私のことは私のことで、無関係であるというわけにはいかないでしょう。原始仏教として説かれているものには、ひややかなものがあると私には思うのですが、しかしお釈迦さまは非常に情の深い人でして、情が深ければ深いほど、言葉の上ではひややかなことをいわれたのではないでしょうか。だから提婆は提婆であり、自分は自分だと言い切れないものが、お釈迦さまの胸の中にあったに違いないと思います。

阿闍世が提婆にだまされて、悪いことをしたのだということはいうまでもありませんが、韋提希夫人にすれば、そういうことではすまされない。あの提婆さえいなければ……、ということもあったと思います。それにしても自分の夫・国王を殺したのはわが子である。憎し可愛しというこの人間感情のもつれといったものが、浄土の教えでなければ救われない。この人間の業縁を通して、そこから浄土の教えは開かれてくるのです。

そこに「浄邦縁熟《じょうほうえんじゅく》して、調達《じょうだつ》、闍世《じゃせ》をして逆害《ぎゃくがい》を興《こう》ぜしむ。浄業機彰《じょうごうきあらわ》れて、釈迦《しゃか》、韋提《いだい》をして安養《あんにょう》を選ばしめたまえり」ということがいえるのです。この言葉の底に流れている感情は、人間のどうすることもできないことを、どうにかしよう、どうにかしようとして、どうにもならなかった。それが、人間の歴史であったのではないかということが、うかがえるのです。だから、人間というものは、その歴史のはじまりから、それを何とかしなければならないといいながら、結局どうにもできなかったというところに、人生のありかたがあったのではないか。そこにただ来世《らいせ》を願い、我われの忘れているところの背後の世界があったことに気づかせていただくより他ないのです。

浄土の教えというものは、ただ業《ごう》をきよめる道を説くものです。業をきよめるということは、腹立つ人の心ももっとももなことであると、それはそうしなければならなかったのだと、すべての人間のなしたことを、大悲の心をもってあられてくださる浄土の教え、この教えがなければ、人間は永遠に救われないのだとうなずけることです。

一切を拝んでいく

この浄土の教えというものが、どうして成立したかというと、それは先に述べたように、永遠無限なるもののまことという道理があって、そして人間の問題の解決が、浄土の教えによってはじめてできたのであるという事実が示してくれます。

『教行信証』の序文に書き示されているはじめの二句は、浄土の教えがなければならない道理、それから王舎城の問題は、その事実を説いています。この道理あるゆえに、この道理が事実の上にはたらいて、そこで釈迦・韋提が機縁となって浄土の教えが開かれたのであると、そこに人間の歴史観というものが出てくる。

そして「権化《ごんけ》の仁《にん》、斉《ひと》しく苦悩《くのう》の群萠《ぐんもう》を救済《くさい》し、世雄《せおう》の悲《ひ》、正《まさ》しく逆謗闡提《ぎゃくほうせんだい》を恵《めぐ》まんと欲《おぼ》す」ということは、人間の歴史というものは、すべて今日をあらしめんがためのものであるということでしょう。

今日の知識人は過去を棒引きにしてしまって、これからといいますけれども、それでは歴史というものは成り立たない。歴史というものは、いいことであれ、悪いことであれ、それが今日の私たちに、本当のまことの道を求めようではないかということを教えてくれるものとして、我われの先祖が私たちに示し与えたものである。このようにうなずかせていただきますと、過去の歴史の事実というものは、よかれ悪しかれ、みな今日をあらしめんがためのものであったということを感じることができるのです。

それで「権化の仁、斉しく苦悩の群萠を救済し、世雄の悲、正しく逆謗闡提を恵まんと欲す」ということを私なりに翻訳すれば、過去の親たちのこと、近いところでは戦争を起こした人、死んでいった人、敵・味方となった人、みんなありがとうございましたと拝むことができるということです。それは永遠無限なるまことの願いというものを背景として、感じられるものです。

念仏のちから

こういうふうに、自然のまことというものを背景として、そこに人間の歴史というものを見ていったところに、はじめて人生というものが出てくるのです。その人生とは、個人の一生です。個人の一生というものは、そうばらばらにあるものではありません。必ず個人の生涯の背景には人類の歴史というものがある。もう一つ根底には大きな自然のまことというものがある。

しかし今日の知識人の考えでみますと、個人の生涯というものだけしか考えていない。だから、死ねば何もなくなるのだという。では、死ねば何もなくなるという人が、なぜ生きている間に、やるだけのことはやらねばならないというのか。明日死ぬといわれれば、どうしても何か今日の内にやらねばならないということは、結局、自分の死後という事を思っているからでしょう。人間は亡きあとというものを考えずに生きることは、無理なことではないでしょうか。

こうして「かるがゆえに知りぬ。円融至徳《えんゆうしとく》の嘉号《かごう》は、悪を転じて徳を成《な》す正《しょう》智《ち》」ということになるのです。それは業縁《ごうえん》の歴史が背景となっていればこそ、念仏は悪を転じ徳を成すことができるのです。ただ障《さわ》りがしあわせになるということではありません。

悪を転じて徳となるというのは、ただお念仏の力であるといいましても、念仏がどうしてそういう力を持っているかと申しますと、それは永遠のまこと、すなわち阿弥陀のいのちによってであり、それを私たちの歴史の上から申しますと、あの人もこの人も、おじいさんもおばあさんも、このお念仏で通ってきたのである。そういうものがあればこそ、私たちの一生の間において、いろいろと悪いこと、障りが出てきましても、お念仏を申せば「悪を転じて徳を成す正智」と、ああこれでよかったのである。すべてよかったことであると、こう受け取らせていただけるのです。

事実から自分を知る

　先に、幼い者に「真宗とはどういう教えですか」と聞かれて返事に困ったことを申し上げましたが、実は一つの答えを持っております。それは「どんなことをも悪く思わないこと」です。真宗というものはこうではないかと思うのです。何ごとも悪く思わない。だから何をしても後悔しない。すまなかった、すまなかったという懺悔《さんげ》の涙はありますけれども、ああすればよかった、こうしなければよかったのにという後悔はないのです。この自分のなしたこと、その事実を通して、自分の姿というものが自分に知らされ、まあよかった、まあよかったと、どんなことでもこう考えなおさせてくださるはたらきが、念仏というものです。そこにまことの道理というものがある。このまことのいわれにうなずいていくのが信心というものです。そこに、「難信金剛《なんしんこんごう》の信楽《しんぎょう》は、疑いを除《のぞ》き証《さとり》を獲《え》しむる真理なり」ということがいえるのです。

　これで「しかれば、凡小修《ぼんしょうしゅ》し易《やす》き真教《しんきょう》、愚鈍《ぐどん》往《ゆ》き易《やす》き捷径《せっけい》なり」と、これならばどんな凡人でも行うことのできる教えであり、どんな愚鈍なものでも往《い》くことのできる道である。「大聖《だいしょう》一代の教《きょう》、この徳海《とくかい》にしくなし」で、仏教の教えというものも、これより他にないのであるということがいわれるのです。「穢《え》を捨て浄《じょう》を欣《ねが》い、行《ぎょう》に迷《まど》い信に惑《まど》い、心昏《くら》く識寡《さとりすく》なく、悪重く障《さわり》多きもの、特《こと》に如来の発遣《はっけん》を仰《あお》ぎ、必ず最勝の直道《じきどう》に帰して、専らこの行《ぎょう》に奉《つか》え、ただこの信を崇《あが》めよ」と、だから、人間世界の生活の穢《けが》れを嫌い、何か人間のすることはすべてきたないもの、悪いものと嫌って、それを純粋にしていこうと思い、その浄《きよ》き姿を願いながら、どう行ったらよいのであるか、どう信じたらいいのであるかがわからず、心くらく迷っている人があるならば、ただこのまことの道理、この真宗の教えを聞いて、本願を信じ、念仏を申すべきです。

こんな教えというものが、どうして我われの一生涯の間に聞くことができたのであるかと、聞く身になったものは、おおいによろこばなくてはならない。もしこれを聞かないでいたならば、いったい人生の意義はどこにあったのであろうか。今、親鸞はこの尊い教えを聞くことができたよろこびにおいて、この

『教行信証』を編集するのである。というのが、この序文のおこころです。

［附記］「総序」の文意訳

本章では「真宗」の題下に『教行信証』の「総序」のこころをいただいてきましたが、誰にもわかり易いようにという訳文も念頭にお話ししてきました。ここにその全文を附記しておきましょう。

思えば、大悲《だいひ》の本願《みこころ》は苦悩《くのう》の世に生きるまことのいのちであり、さえるもののない如来《ほとけ》の智慧は人心の暗を照らす永遠の光です。

これによって、韋提希夫人《いだいけぶにん》が提婆《だいば》と阿闍世《あじゃせ》との悪業に悩まされて、救いをお釈迦さまに求められたことが、浄土の教えの説かれる機縁《てがかり》となったのでした。この事実から人間の歴史は、すべて真実の道を求めしめるものと受けいれられ、過去の人びとは、この善し悪しにかかわらず、思い出のうちに拝まれる道理が現れたのです。

こうして智慧《ちえ》をアミダの名にいただくことは、悪を徳にかえ、道理をみこころにうなずくことは迷いを離れて覚《さとり》をえしめるのです。まことにこれこそは何人《なんびと》も行い得る法であり、愚者《ぐしゃ》も往《ゆ》くことのできる道です。仏教にもこれ以上のものはありません。だから濁悪《じょくあく》の世に悩み、純粋の法を求めながら、いかに行い、いかに信ずべきかについて、心くらく障《さわり》多いものは、ただこの浄土の教えにしたがい、アミダの名に親しみ、本願のまことを信ずることにいたしましょう。

ああ、この大悲の本願《みこころ》には、いかなる世代にあっても遇《あ》いがたいものです。もし今もなおこの法を疑っているならば、生死のゆくえはどうなるでしょう。まことにこの教法に遇えるものは、身にひきあてて聞かねばなりません。

第三章　『教行信証』「教巻《きょうのまき》」のこころ

それ、真実の教《きょう》を顕《あらわ》さば、すなわち『大無量寿経《だいむりょうじゅきょう》』これなり。この経の大意は、弥陀《みだ》、誓《ちか》いを超発《ちょうほつ》して、広く法蔵《ほうぞう》を開きて、凡小《ぼんしょう》を哀《あわ》れみて、選びて功徳《くどく》の宝を施《せ》することをいたす。釈迦《しゃか》、世に出興《しゅっこう》して、道《どう》教《きょう》を光闡《こうせん》して、群萌《ぐんもう》を拯《すく》い、恵《めぐ》むに真実の利《り》をもってせんと欲《おぼ》してなり。ここをもって、如来の本願を説きて、経の宗致《しゅうち》とす。すなわち、仏の名号《みょうごう》をもって、経の体《たい》とするなり。

何をもってか、出世《しゅっせ》の大事《だいじ》なりと知ることを得るとならば、『大無量寿経』に言《のたま》わく、今日世尊《こんにちせそん》、諸根悦予《しょこんえつよ》し姿色清浄《ししきしょうじょう》にして、光顔《こうげん》巍巍《ぎぎ》とましますこと、明らかなる鏡、浄《きよ》き影表裏《かげひょうり》に暢《とお》るがごとし。……

（中略）

しかればすなわち、これ顕真実教《けんしんじつきょう》の明証《みょうしょう》なり。誠にこれ、如来興世《こうせ》の正説《しょうせつ》、奇特《きどく》最勝の妙典《みょうでん》、一乗究竟《いちじょうくきょう》の極説《ごくせつ》、速疾円融《そくしつえんゆう》の金言《きんげん》、十方称讃《じっぽうしょうさん》の誠言《じょうごん》、時機純熟《じきじゅんじゅく》の真教なり。知るべし、と。

（『教行信証』「教巻」・聖典一五二～一五五頁）

まことの教

「真宗」という題で『教行信証』のお話をしようと思いたった動機については、すでに述べましたが、そのためには、『教行信証』の本文をもっと自分のものにして、それから意訳してみたいという気持ちから、先章では「総序」の文についてそのような順序でお話ししてみました。じつは、この願いを起こしました時には、「総序」の文は後まわしにして、「教巻」を意訳してみたのです。ですが、意訳というと少し大げさなので、「教巻」にはこういうことが説かれているのだという解説をするために、本文のおこころのわずかでも写すことができていればと思います。

真宗の教えは、『大経《だいきょう》』に依るものです。この経はお釈迦さまが、この世で悩む私たちのために、かぎりないまことの願いを、阿弥陀の名において説きあらわされたものです。だから南無阿弥陀仏と称《とな》えてまことを身につけ、その御《おん》願いを心にいただけば、それが私たちのいのちとなり、ひかりとなるのです。

この『大経』をお説きになったその日のお釈迦さまは、お顔うるわしく、お肌の色もすきとおり、よろこびのお心に、あたりの空気も澄《す》みきっておりました。

いつもお側《そば》にいた阿難《あなん》は、いままでみたこともないお姿におどろき、尊んで、そのお心をうかがいますと、お釈迦さまは、「よく聞いてくれた」とお讃《ほ》めになり、「今日こそ、こころゆくまで、まことの法を説こう」と、おおせになりました。

だから、この『大経』の教えこそは、いつの世、いかなる人にとっても、真に頼りとなる尊い法《みのり》なのです。

少しあっさりしすぎてご批判もあろうかと思いますが、だいたい親鸞聖人のおぼしめしということになれば、いわゆる一字一句が不可加減《ふかかげん》でして、「それ、真実の教を顕《あらわ》さば、すなわち『大《だい》無《む》量《りょう》寿経《じゅきょう》』これなり」といわれる。この「顕さば」という顕の字、さらに、「『大無量寿経』なり」とおっしゃらないで、「『大無量寿経』これなり」といわれる筆勢というものからして、その荘重《そうちょう》な表現の上に、まず聖人のおぼしめしがうかがえるとされてきているのです。それを、わけもなく「真宗の教えは、『大経』に依ったものです」と、簡単にいってしまうのでは、あまりに聖人のお心に背《そむ》くのではないかと、いわれるかもしれません。

『大経』という言葉

しかし、それだけが私の心にいただけたものなのです。いつ思い出しても、真宗の教えは『大経』が本だということだけが、私のものになったのだということになれば、器が小さければ盛る水もまた少ないということで、正直に私をいつわらないという点からしますと、「真宗の教えは『大経』に依ったものだ」

ということで、ちょうどよいのではないかとも思えるのです。「親鸞聖人の教えはこうだ」という時ですと、どなたにもそのように思っていただきたいということになりますが、「私はこういただいたのです」という時には、どなたもそれぞれに、自分の受けとられたことをいわれてよいと思います。

「『大無量寿経』これなり」とあるのを、『大経』としましたのは、申すまでもなく、略しましたもので、『観無量寿経《かんむりょうじゅきょう》』を『観経《かんぎょう》』といい、また『阿弥陀《あみだ》経《きょう》』が『小経《しょうきょう》』といわれる場合とおなじ言い方です。けれども、略した表現には違いありませんが、『大経』といってしまったら、それでもう「無量寿」とわざわざ断らなくてもよいのではないかとも思うのです。『大経』のもとの言葉は「マハー・スートラ」でしょうが、梵語《ぼんご》の感じはよくわかりませんけれども、「大いなる聖典」ということでしょう。この「大いなる」ということは、いつでも、いかなる場合でも、という意味を持った言葉です。

「古今に通じてあやまらず、中外にほどこしてもとらず」という言葉がありますが、それが「大きい」ということでして、そこには「永遠なるもの」「普遍なるもの」という意味がすでに含まれております。そして、「経」というのは、そこに人間の道が開けるのであるという、「法として受けるべきもの」ということなのですから、「大いなる経」といえば、先に申しましたように、それでもう「いつ、いかなる人にとっても、頼りとなる尊い法《みのり》である」という意味が、すでに含まれていると思うのです。

したがって、その『大経』の教えに順じていけば、それが、「私たちのいのちとなり、ひかりとなる」のですから、そこに「無量寿《むりょうじゅ》・無量光《むりょうこう》」ということもあるのであって、その意味からも、『大経』ということで十分ではないかと、私の気持ちとしては思われるのです。しかも、『大無量寿経』という言葉は、本来そのようなことを意味しているのだとまで、私は申してみたいのです。

ともすれば、『大無量寿経』というのは、無量寿仏《むりょうじゅぶつ》のことを説いたお経であって、大日如来《だいにちにょらい》や、その他の仏さまのことを説いたお経ではない、ということになりやすいのですが、そうなれば、『大無量寿経』といっても、何か特殊なお経になってしまいます。そういう特殊なお経ではなしに、いつ、いかなる人にとっても、それが真に教えとなるのであるということでなくてはならない。私どものような凡夫《ぼんぶ》でなしに、すぐれた聖者のためのお経であるとか、世の中が平和な時には役立っても、乱れた世では法にならないというようなことですと、それは本当の『大経』ではない。

ですから『大経』という言葉が、薬師如来《やくしにょらい》のお経でもなければ、また『大日経』などでもないということではなくて、「大いなる道を説いたお経である」という気持ちをあらわそうとしますと、『大無量寿経』の略だと断らないで、『大経』といった方がかえってよいようにさえ思われるのです。そのように考えて『教行信証』をみますと、親鸞聖人も、しばしば「『大経』にいわく」と書かれてあるのですから、聖人も『大経』ということで十分だと考えておられたに違いない、といっていいように思います。

さて、その『大経』を『教行信証』では「真実の教え」といってあります。これは教えの中に真実があるということである。教えというものと、真実というものとが、別々にあるのではなくて、教えの言葉そのものの中にまこと、があるのである。いいかえれば、教え一つで私たちが救われていくのだということを言おうとするのが、浄土真宗であるといってみたいのです。

五種類のお経

教え一つということについては、「化身土巻」に、「およそ世間でお経と称しているものにも五種類ある。一つは仏説《ぶっせつ》、二つには聖弟子《しょうでし》の説、三つには天仙《てんせん》説、四つには鬼神《きじん》説、五つに変化《へんげ》の説」といわれております。そしてそれに続いて「四依《しえ》」ということがいわれていて、仏教を学ぶものは、

法に依《よ》りて人に依らざるべし、義に依りて語に依らざるべし、智《ち》に依りて識《しき》に依らざるべし、了義経《りょうぎきょう》に依りて不了義に依らざるべし（聖典三五七頁）

という言葉が出ております。これは聖道門《しょうどうもん》というものに対して、浄土門《じょうどもん》のありかたというものを説かれたのではないかと思います。

未来と本来

私はつねづね浄土真宗をあらわすのに、一方には禅に対し、また一方には祈りの教えに対比して、真宗は禅のような道を説くのでもなければ、祈りの教えのように、自分の真実というものを打ち出していくものでもない、ということを申すのです。これは、『教行信証』を読んでみますと、「信巻」の別序《べつじょ》に、

それ以《おもん》みれば、信楽《しんぎょう》を獲得《ぎゃくとく》することは、如来選択《にょらいせんじゃく》の願心《がんしん》より発起《ほっき》す、真心《しんしん》を開闡《かいせん》することは、大聖《だいしょう》矜哀《こうあい》の善巧《ぜんぎょう》より顕彰《けんしょう》せり。しかるに末代《まつだい》の道俗《どうぞく》・近世《ごんせ》の宗師《しゅうし》、自性唯心《じしょうゆいしん》に沈《しず》みて浄土《じょうど》の真証《しんしょう》を貶《へん》す、定散《じょうさん》の自心《じしん》に迷《まど》いて金剛《こんごう》の真信《しんしん》に昏《くら》し。

（聖典二一〇頁）

といってあります。

私どもは親鸞聖人に親しんで、そのありがたさだけを思いがちなのですけれども、その聖人にこのような鋭い批判の言葉があることに気づいて、びっくりすることがあります。「末代の道俗・近世の宗師」ということは、現代の知識人という意味に解してよいのでしょう。「自性唯心《じしょうゆいしん》」というのは、これは禅でしょう。つまり、仏とは自己本来の面目《めんもく》であるとして、後の世にさとりを開くのだということを受けつけない考え方です。しかし、本来の面目だということが、なぜ来世のさとりということを拒《こば》まなくてはならないのか、その点が私にはわからないのです。仏は自己本来の面目なりという説には、私も反対しないのです。浄土というのはわれら本来の、当然そこへ往《ゆ》かなくてはならない郷里である。人間の真に落ち着かなくてはならない場所が浄土である、という意味において、仏は本来の自分であり、浄土は天下万人の帰すべき郷里であるといわれるのであれば、それを否定はしません。しかし、そういうことは、いったい何を教えるのでしょうか。

戦時中のことですけれども、日本人の祖先は猿でなく神さまだと、あの当時の軍人などはやかましくいわれておりました。私はそんな時にも、はっきりいっていたのですが、〝それは大変なことだ、我われの祖先が猿なら、こうしてつかみ合いの戦争をするのも道理だけれども、先祖が神さまなのに、こんなことをしていてはだめなのじゃないか〟と。先祖が神さまだということほど恐いことはありません。何かそれを、自分のいばる理由にするというのは間違いであって、本来、思想というものは、我われをきびしく打ちだすものでなくてはならない。我われを打って、どうしたんだとただされた時に、その本来なるものこそ、現実の我われにとっては未来なるものである。未来なるものとは、けっして本来なるものに背《そむ》くものではない。だから「自性唯心《じしょうゆいしん》に沈《しず》みて」とおっしゃっています。

本来なるもののところにこそ、浄土の教えというものがある。しかし、その本来の浄土というものは、手のとどかない世界である。そうすれば本来だ、本来だといってみても、それは観念にすぎないことになります。本来、仏であるという道理を聞かせてもらいますと、ただ、それにもかかわらず私たちはどうしたのであろうかと、現実をみつめて、そこに私たちの未来なるものとして、浄土往生《じょうどおうじょう》を願うことによってのみ、その本来の家に帰ることが出来るということになるのです。善導大師《ぜんどうだいし》は、はっきり浄土は家郷《かきょう》だといわれています。親鸞聖人もそうです。ですから浄土に生まれるということの他に、本来の世界に帰れるということは、私たちにはないのではないでしょうか。

浄土というのは、まだ見ない世界である。本来の世界だという人は、その世界を見ているのであろうか。私は見ません、まだ見ない世界ですけれども、しかし浄土の教えを聞けば、そこに何か魂の郷里を感じるのである。善導大師ほど「この世厭《いと》うべし、浄土欣《ねが》うべし」と説かれた人は他にないでしょうが、その善導大師が「帰去来《いざいなん》、魔郷《まきょう》には停《とど》まるべからず」（聖典二八四頁）と、ここは他所《よそ》の国であって、本当の国へ帰らねばならないといわれております。本当の国へ帰るということは、迷える私どもにとっては、迷いの一生を尽くして、死の帰するところとしてのみ、それをまた生の依るところとすることができるのである。それを忘れているところに、いわゆる聖道の教えというものがあるのではないでしょうか。ですから本来、仏であって、未来のさとりではないといっていることは、つまり「末代《まつだい》の道俗《どうぞく》・近世《ごんせ》の宗師《しゅうし》」の考え方は、何としても観念的だといわなくてはならないのではないだろうか。

それに対して、「定散《じょうさん》の自心《じしん》に迷《まど》いて金剛《こんごう》の真信《しんしん》に昏《くら》し」ということは、これは私どもが平常お念仏を称《とな》えたり、本願を信ずるといったりしていても、その心持ちにはっきりしないものがある。自分の力は間に合わないといいながら、何かの意味において、こう念じたら救《たす》かるとか、こう行えば救かるというものを頼りとしているところに、「金剛の真信に昏し」と、つまり仏心に徹底しない点があるのではないでしょうか。そんなことから、いわゆるいろいろな祈りの宗教も出てくるのでしょう。

道ということ

このように考えてみますと、禅にしろ祈りの宗教にしろ、両方とも教え一つということになっていません。聖道門《しょうどうもん》とは文字どおり道です。道という言葉は、私にとっては心ひかれる言葉なのです。私はよく「住職道」ということで話をさせられるのですが、これはいささか心苦しいことで、道ということは、私自身だめなのです。しかし、だめならだめなほど、道という言葉にひかれるのです。道というものは修業をつめばつむほどよくなってくるもので、たとえば舞踊の大家《たいか》といわれる人なら、大変な苦労をしてその道をきわめる。つまり芸道です。茶道でも、華道でもそうなのでしょう。何かその人でなければならないというものが出来てきます。私はだめなのですけれども、だめなだけに、そのような人たちをみると、なるほどなと考えさせられるのです。

聖道門とはそのような意味の道です。道なのであるから、人格的な感化をおよぼさなくてはならないものでしょう。いろいろな芸道の大家から、私たちは講釈を聞こうとはしません。ただその芸をみせていただければよいのです。人格、格というものがちゃんと言葉以上にものをいうのです。ですから、聖道門ということでは、仏法は人格的感化でなくてはならないということも、考えられるのです。今日でもそういうことをいう人もありますが、そうなのでしょうね。仏法とはこういうものであるということを、言葉でしゃべるようではだめなので、しゃべらなくても、その人柄が教えるということでなくてはならない。しかし、それは仏教といっても、仏道なのです。たとえ、人格的感化はできなくとも、行いの励《はげ》みの上において、人を教えることができれば、それは道なのです。

道と教

人格的感化ということですが、『教行信証《きょうぎょうしんしょう》』では、「化身土巻」をみますと、「教・行・証」と。つまり、教えと、実行と、証《さと》りということがいわれております。お釈迦さまが亡くなられて後の時代をみる見方に三時《さんじ》ということがいわれます。正法《しょうぼう》五百年、像法《ぞうぼう》一千年、そのあとは末法《まっぽう》であるといわれます。正法の時には、「教」と「行」と「証」とが備わっている。ということは「証」がいちばん大事だということ、つまり仏法が身についているということであって、先ほど申した人格的感化です。お釈迦さまが亡くなられてから五百年の間は、人格的感化ということが考えられた時代である。その次の像法とは、「教・行」はあっても「証」がない。行うものはある。行う人があれば、おのずから他人の手本となって、私たちもあのようにしなければならないという、行いが手本になるのです。ところが、さらに末法になると、教えだけが残り、「行・証」のかなわぬ時代であるといってあります。「ただ教のみ残れり」と。これはいいかえますと、「教」だけで、「行」の役割も、「証」の役割もするものでなくてはならないということになります。

「行」も「証」もありえないような教えなら、それは道ではないのですから、教えそのものが「行」も「証」もちゃんと含んでいるのでなくてはならない。

そういう教えだけが、本当にいつの時代においても、いかなる人にとっても尊いものなのでしょう。すなわち、真実の教とはそのような教えでなければなりません。そして、そのような教えを説いた方をブッダと呼ぶのである。

そこで先にも少しいいましたように、浄土の三部経《さんぶきょう》は仏の教えであって、別人の教えではないと断ってあります。「以心伝心《いしんでんしん》」とか、「師資相承《ししそうじょう》」といって、お釈迦さまは迦葉《かしょう》に伝えられ、迦葉は阿難《あなん》に伝えられたというように、師匠から弟子、弟子からさらに弟子というのでは、それは芸道などにおける師匠ゆずりというものであって、もとはお釈迦さまかもしれません。それに対して、真実の教えは、ただ仏説であるといわれます。つまり、教えのひとり働きであるということではないでしょうか。

ですが、「四依《しえ》」の説にいたっては、どちらにも考えられます。今日の知識人とか、禅などの考え方からいえば、真宗の念仏者というものは、人によって法によらないものである。善《よ》き人のおおせを信ずるばかりだと、だからだめなんだと。また、言葉だけをありがたがって、その意味を考えないものだ、といわれるかもしれません。そのように考えますと、「四依」の説というものは、一般の知識人の浄土教に対する批判のようにも思えますけれども、これは、考え方によるのであると、私は思うのです。

ここに真宗の教えの難しいところもありますが、「善知識《ぜんじしき》は全梵行《ぜんぼんぎょう》なり」という言葉もありますように、教えを説いてくださる方がなくてはなりません。浄土の教えは、他のいかなる教えよりも、説いてくださる方を必要とするのでしょう。

ただ「聞く」一つ

この辺ははっきりとはお話しできないのですけれども、私は、私の言葉として如来の本願を説くことはできません。人間の口から出る言葉である以上、どんなふうにいってみても、それは人間の理想です。人間の理想であるなら、こうなければならないということが必ずあります。しかし、如来の本願には、こうなければならないということはないので、そのままで救われていくというのが如来の本願なのですけれども、しかし、それを私は、私の言葉としていうことができるのだろうか。少なくとも、話している時には、自分を忘れてしまって、ただ仏の言葉を申しあげるより他ないのですけれども、そこにわずかでも自分というものが顔をだしますと、もう何もいえないのです。なぜなら、それはどうしたって自己弁護なのですから。

「私も救われるのだということは、それこそ私の勝手なのです。自分がいいたいのだけれども、自分でいうのではまずい。誰か代わっていってくれないか」というものがあるのです。

如来の本願を聞くというのは、そのような気持ちのものではないでしょうか。私どもは宗教家とか僧侶だとかいう立場で話すのですけれども、本当に自分のようなものも大悲の本願の中にあるものだということがわかった時に、どうしてそれがいえるのでしょう。そうなると、ただ聞くより他に道がないのが、如来の本願だということは明らかです。説くことはできません。説けば自己弁護になります。

阿弥陀と釈迦

こういうのが如来の本願なのですから、したがって、それだけに説く人というのは大変重要なわけで、「善知識《ぜんじしき》は半梵行《はんぼんぎょう》でなく、全梵行《ぜんぼんぎょう》である」と、善《よ》き人の教えによってこそというものがあるのです。浄土教ほど、師というものの深く大切なことはないのでしょう。

この「教巻」をみますと、「弥陀《みだ》、誓《ちか》いを超発《ちょうほつ》して、広く法蔵《ほうぞう》を開きて、凡《ぼん》小《しょう》を哀《あわ》れみて、選びて功徳《くどく》の宝を施《せ》することをいたす。釈迦《しゃか》、世に出興《しゅっこう》して、道教《どうきょう》を光闡《こうせん》して、群萌《ぐんもう》を拯《すく》い、恵《めぐ》むに真実の利《り》をもってせんと欲《おぼ》してなり」と、阿弥陀如来とお釈迦さまを分けていってあります。けれども、お釈迦さまはこの世に姿を現された方であるし、阿弥陀さまは眼にみえない永遠のまことということですから、一応は区別していわなければならないとしても、お釈迦さまの教えなくしては、弥陀の本願を聞くことはできません。ですから、これは人間釈迦の上に久遠《くおん》のブッダ・阿弥陀仏がのりうつったのだとか、または、本地弥陀《ほんじみだ》垂迹《すいじゃく》釈迦《しゃか》というようにいわなければならないところでしょう。しかし、親鸞聖人はそのような言葉を用《もち》いられておりません。したがって、お釈迦さまのお言葉が、すなわち阿弥陀如来のお言葉であると領解《りょうげ》するよりないのでしょう。ですから、真言《まこと》なのです。

そこで「教巻」には「何をもってか、出世の大事なりと知ることを得るとならば」といって、「『大無量寿経《だいむりょうじゅきょう》』に言《のたま》わく、今日世尊《こんにちせそん》、諸根悦予《しょこんえつよ》し姿色《ししき》清浄《しょうじょう》にして、光顔巍巍《こうげんぎぎ》とましますす」云々《うんぬん》と、『大経』の文が引かれてあります。それを「御顔うるわしく、そのお喜びのお心によって、あたりの空気も澄《す》みきっております」と訳してみたのです。ともあれ、そういうお言葉でもって、『大無量寿経』が真実の教であることを証明しようとされた聖人のお気持ちは、説かれたのはお釈迦さまに違いないけれども、それは実は阿弥陀なのだということなのでしょう。釈迦と弥陀をわけてもさしつかえないのですが、『大経』

を読んだ感じとしては、釈迦の言葉がすなわち弥陀の言葉であるというところに、真実の教えといわれる意味があるのです。なぜ『大経』が真実の教えであるかというと、ただ教えそのものが、本願の言葉であるということを表そうとしているからです。

ただ「法」を信ずる

先ほどの「四依《しえ》」の説にもどって申しますと、人によって法によらないのはいけないといわれていますけれども、それは、かえって師資相伝《ししそうでん》などというところにあてはまる批判ではないだろうかとも思われるのです。この「四依釈《しえしゃく》」の最後にきますと、「了義経《りょうぎきょう》によりて不了義《ふりょうぎ》によらざるべし」といわれてあります。明確に説かれている経典によるべきであって、何か秘密のあるようなものによってはならないという意味でしょう。ここにも聖道《しょうどう》と浄土教との別をあらわしてあるような感じがいたします。

このようなことから、まことの言葉だといっても、阿弥陀仏の本願という「法」を信ずるので、お釈迦さまという「人」を信ずるのではない。それがすなわち、まことの教えを信ずるということです。本当の教えは、善知識《ぜんじしき》でなければ説いてくださらないのですから、「よきひとのおおせをかぶりて」という他ないのですけれども、それは「おおせ」の中にあるまことをいただくのです。そのまこと一つが、われらの道となるのである。これが、真宗ではただ教えだけが意味を持つのである、ということではないでしょうか。

正・像・末の三時

時代が移り変わって、正法《しょうぼう》時代には人格的感化もできた。次の像法《ぞうぼう》時代には行いで人をみちびくこともできた。しかし末世《まっせ》になると、教えだけなのであると。このようにいわれてある教えとは、今申したようなものでなくてはならないように思われるのです。

『末法燈明記《まっぽうとうみょうき》』をみますと、「正法の時には持戒《じかい》の比丘《びく》あり、像法《ぞうぼう》の時には破戒僧《はかいそう》である」といわれております。今日でも破戒坊主ということを申しますが、今時そんなものはないのです。破戒僧でもあれば、まだまだ結構なのだけれども、法然上人もいわれるように、破れ畳でもあればよいが、それすらもないんだと[註]、つまり無戒《むかい》です。ですから、末法の僧侶というのは、名前だけということになる。それが今日の時代なのです。

しかし、それにもかかわらず、親鸞聖人が「非僧非俗《ひそうひぞく》」とおっしゃって、僧侶の名を捨てきれなかったということが、少し考えてもわからないのです。頭を剃《そ》って黒衣《こくえ》をまとってさえいれば、末法時の僧はそれでいいのだということは、今日の合理主義的な考えからはわからないことですけれども、私には少しはそのお心もわかるような気もするのです。

仏前にお経をあげるのは、つまらないというようなこともいわれますが、それがへたな説教を聞くよりもありがたいということも、現にあるのです。どういう不思議な功徳《くどく》があるのか知りませんが、それだけで助かるということがあるのです。ですからそのようなところに名だけの僧の意味を認められたのだともいただかれるのです。

〝仏法を真理として説くことはできないけれども、それを真実として語ることはできる〟これは最近、私の見つけた言葉なのですが、浄土教にも理論はあるのだけれども、それよりも大事なことは、教えを事実として語ることである。こういうふうに私どもは救われていくのですと、たがいに語ることができるところに、何かがあるように思われるのです。

註　法然上人が弟子の禅勝房との問答の中で、末法の世にはただ名字の比丘のみあって、持戒も破戒もないことを、畳がなければそれが破れているかいないかを論ずることもできないと譬えている。(『昭和新修　法然上人全集』六九七頁参照)

利用と受用

こんなことから、最近またとくに思うことですが、真宗の教えは、今では本当に役に立たなくなっているのではないだろうかということです。役立つとは、利用価値があるということでしょう。その利用価値のないのを無価値としているのが現代でしょう。ある宗教では、利用つまり利益《りやく》ということを第一にしているそうですが、うまいことを考えたものです。

しかし、真宗にはどう考えても、そのような利用価値はないように思います。念仏する人にはおのずから無病息災の利益が与えられるとはいわれてありますが、それだから信じなさいというほど、はっきりしたものではありません。ですから、利用価値のないものは無益だと考えるのが現代であるなら、本願念仏の教えというものはだんだんいらなくなり、人からかえりみられなくなるのも、もっともだなと思うのです。

しかし、価値には、利用価値とは別に受用《じゅよう》価値ということもあるのです。教えを自分の身に受け用いていけば、人間にうるおいが出て、そして生活が光ってきて、そこにいのちが与えられるということがあるのです。しかしながら、仏教は時代の要求に応じなくてはならんと申しますけれども、私はいつも逆に考えるのです。時代こそ仏教の願いに順《したが》わなければならないものである。順わないかぎりでは、どんなことがいわれていても、時代に本当の平和というものはないのではないかと思うのです。

たとえば、共産主義も資本主義も、その立場のままに本願の念仏を申してゆけば、そこに相通ずる場があるのではないかと思うのです。そのようにして本願の教えを受け用いる他に、いつもわが光なり、わがいのちなりとして頼れる法はないのである。このようなことで、今は、本当に人間のためになる宗教は、浄土教の他にないのだということもいえると思うのです。

ですから、ここには一つの矛盾があります。役に立たないということでは、僧侶も無用である。けれども、それより他に、真に人間の救われる道はないということを伝えていくことが僧侶という、また真宗の信者というもののつとめであり、この上ない喜びであるというのが、親鸞聖人のおぼしめしのようです。

そこで、真宗という宗教はただ教えのお言葉一つで救いにあずかるのである。それは人間の理想ではなくて、如来の願いである。限りのない、どんな罪の深い人間でも、すべて無条件に一如《いちにょ》の世界に生まれさせたいという如来の願いなのである。その限りのないまことの願いを、阿弥陀の名によって説きあらわされたのです。アミターということは、限りなきいのち、限りなき光ということである。限りなき仏の願いであるから、それをお釈迦さまの願いといってもさしつかえないのです。それこそ人間の本当の願いではないかといってもよいのでしょうけれども、先ほどいいましたように、「大いなる願い」を私の願いとして語ることはできない。誰かが私にいい聞かせてくれなければ、ということがあるのです。それを聞くことによってのみ、私たちは救われていくのである。だから手を合わせ、仏の名を称えることによって、仏のまことを身につけ、願いを心に受けていくなら、それが、「無量寿《むりょうじゅ》・無量光《むりょうこう》」といっても他に求めるのでなく、私たち人間の生活の上にも永遠なるものがあるのである。明日も知れぬ身の私たちの、限りなきいのちとなるのです。わずらいの悩みのみ多く、見通しのない生活をしている身の上に、かぎりのない光となるものである。そういうことを説き明かされたのが真宗の教えであるということを、「教巻」に述べてあるのです。

簡単な「教巻」ですけれども、この「教巻」があるということが、何か意味の深いものと思われます。

まず人生を問題に

前章では「総序」の文について、「自然《じねん》と歴史」ということをお話ししました。さてひるがえって『教行信証』全体をみますと、その「自然のこころ」ということは、第五巻の「真仏土巻《しんぶつどのまき》」に出ております。「歴史のこころ」は「化《け》身土巻《しんどのまき》」にあります。そうすると「教・行・信・証」の前四巻は「人生のこころ」ということになる。

私が学問する時には、自然法界《じねんほっかい》というところから出発しようと思っていました。今でも、そもそも仏教とは宇宙の根本原理であるというように、話し始められる人もあるようです。その方が、本当にはわからないのだけれども、何となくわかるような気がするのです。さもなければ、歴史的に浄土教というのはいかにしてこの世に伝えられてきたのか、というところから始められる学者もあります。そういうことを、やはり親鸞聖人は知っておられたんだなと思いますと、親しみを感ずるのです。

それでいながら聖人は、自然や歴史を説いてから、人生を説くということをされないで、まず人生を問題になさった。人生を問題にする時に、教えというものが光ってくるのです。大自然から考えようとする人には、教えというものは、たいして必要ないのである。また歴史的に研究しようとする人にも、教えはいらないのでしょう。けれども、教えがいらないと考えるのはだめだともいわれないで、後に「真仏土巻」や「化身土巻」が出てくるのですが、それに先だって、人間の一生というものを問題になさる。そこに私どもの信ずべき、「行《ぎょう》」としての〝南無阿弥陀仏〟、「信」として〝本願〟を説かれ、そしてその身についてきた〝証《さと》り〟を通して、〝自然の姿、歴史の姿〟をみてゆこうではないかというのが『教行信証』六巻なのでしょう。

これは、お釈迦さまが、毒矢に刺されたらまず抜きとることが大事なので、その矢がどこから飛んできた、毒は何の毒だなどということは、後のことだといわれた精神に、おのずからかなっているわけです。

浄土教はいつから始まったなどということをいわないで、まずもって、この悩みの人生において、どうすれば光を感じ、いのちを受けることができるかということで教えを聞き、念仏して本願を信ずるより他にないということを説かれた。その意味で、「教巻」が、短いものであるけれども独立して、まず最初に置かれてあるということが、尊くいただけるのです。

第四章

『教行信証』「行巻《ぎょうのまき》」のこころ

謹《つつし》んで往相《おうそう》の回向《えこう》を案ずるに、大行《だいぎょう》あり、大信《だいしん》あり。大行とは、すなわち無碍光如来《むげこうにょらい》の名《みな》を称《しょう》するなり。この行《ぎょう》は、すなわちこれもろもろの善法《ぜんぽう》を摂《せっ》し、もろもろの徳本《とくほん》を具《ぐ》せり。極速円満《ごくそくえんまん》す、真如一実《しんにょいちじつ》の功徳宝海《くどくほうかい》なり。かるがゆえに大行と名づく。しかるにこの行《ぎょう》は、大悲《だいひ》の願《がん》より出《い》でたり。すなわちこれ諸仏称揚《しょぶつしょうよう》の願と名づけ、また諸仏称名《しょうみょう》の願と名づく、また諸仏咨嗟《ししゃ》の願と名づく。また往相回向の願と名づくべし、また選択《せんじゃく》称名の願と名づくべきなり。

諸仏称名の願、

『大経《だいきょう》』に言《のたま》わく、設《たと》い我仏《われぶつ》を得《え》たらんに、十方世界の無量の諸仏、ことごとく咨嗟《ししゃ》して我が名を称せずは、正覚《しょうがく》を取らじ、と。……（中略）

しかれば名《みな》を称するに、能《よ》く衆生《しゅじょう》の一切の無明《むみょう》を破し、能く衆生の一切の志願を満《み》てたまう。称名《しょうみょう》はすなわちこれ最勝真妙の正業《しょうごう》なり。正業はすなわちこれ念仏なり。念仏はすなわちこれ南無阿弥陀仏《なむあみだぶつ》なり。南無阿弥陀仏はすなわちこれ正念《しょうねん》なりと、知るべしと。

まことの法

（『教行信証』「行巻」・聖典一五七～一六一頁）

ここから「行巻」についてお話しいたします。最初に、「謹《つつし》んで往相《おうそう》の回向《えこう》を案《あん》ずるに、大行《だいぎょう》あり、大信《だいしん》あり。大行とは、すなわち無碍光如来《むげこうにょらい》の名《みな》を称《しょう》するなり。この行《ぎょう》は、すなわちこれもろもろの善法《ぜんぽう》を摂《せっ》し、もろもろの徳本《とくほん》を具《ぐ》せり。極速円満《ごくそくえんまん》す、真如一実《しんにょいちじつ》の功徳宝海《くどくほうかい》なり。かるがゆえに大行と名づく。しかるにこの行は、大悲《だいひ》の願《がん》より出《い》でたり」。こういわれております。簡単な言葉ですけれども、いろいろ意味深くいただけます。これを、手短に自分の心に受けとれるように写しなおすということは、大変無理なことになりますが、一応、私なりに写してみたものを読んでみましょう。

まことの法《みのり》は、南無阿弥陀仏と申すことです。この法にしたがえば、何ごとも善《よ》くおもうようになり、いつもしあわせであることができます。だから、これにまさる宝はありません。

そうなることは、阿弥陀仏に、もろもろの仏たちが、この法を伝えるようにと願われたからです。その願いにしたがって、いずこにましますは仏たちも、阿弥陀仏の名を讃《ほ》め、その徳を語られないものはありません。もろもろの仏たちは、本当に人間のありかたを知っておられるのです。こうして、南無阿弥陀仏と申すことは、すべての迷いをはなれ、すべての望みをみたすことになるのです。その南無阿弥陀仏は、すなわち正念《しょうねん》であり、正《しょう》行《ぎょう》であり、念仏であります。

大行とありますが、この行とは法ということです。浄土真宗の法は南無阿弥陀仏ということであり、その法に具《そな》わるいわれは本願である。これはいつも申していることです。そこで、ここでも大行ということを法《のり》と写してみました。ですがその大行という言葉には、いつでも、どこでも、誰でも、これより他に道はないという意味があるのです。

いつでも、どこでも、誰でも

この大行に対するものは小行でしょうが、その小ということは、仏教の約束として、特殊という意味にも使われます。ですから特別の人でなければ行うことのできないのが、小行でしょう。たとえば、知恵のある人でなければできないのが学問でしょうし、能力のある人でなければできないという修業もあります。そしてまた、男でなければできないこと、女でなければできないこともあります。こういうものをみな小行というのです。ですから人生の上で、いつでも、どこでも、誰でも、ただこの一つで生活が行われていくのだということがいえるのは、なるほどお念仏しかないのでしょう。

念仏だけは男女老少の別なく、賢いとか愚かという別なく、そしていつでも、またどこでも、どのような場所や場合であっても、南無阿弥陀仏と称《とな》えられる。そのことが、私たちの行として与えられ、それによって生涯を尽くすことができる。それが、大行ということの意味です。本当の法というものは、そのようなものであって、特別な人にだけかぎられたものではない。そのように、もっとも広く普遍的な行として、南無阿弥陀仏の名を称するということがあるのです。

念仏に摂《おさ》めとる

そこで次に、「この行《ぎょう》は、すなわちもろもろの善法《ぜんぽう》を摂《せっ》し」とあります。この南無阿弥陀仏というのは、すべて善いものを摂《おさ》めとることができるのであると。たとえば物を施《ほどこ》すのは善いことである。堪《た》えしのぶのは善いことであるというような、さまざまな善いことがありますが、そのような善いことは、そのこととしてはなかなかできないようですけれども、それをみな念仏の上に摂《おさ》めとることができるのだといわれるのです。したがって、念仏することが施しになり、忍耐になるのです。

この摂《せっ》するとは、消化するというような意味で、食物が消化されるように、念仏の心が善法を摂取《せっしゅ》し消化するのです。そのように念仏の心の中に善法を摂めとることができ、また、摂まっているものであるというのが、「もろもろの善法を摂し」ということです。それを私は今、どんなことでも、その持っている善いところを受けとることができるといいかえてみました。それがおのずから善法を摂することになるからです。それはつまり善意に解することができるということでしょう。それが念仏のはたらきであるといただいてよいかと思います。

しかし、そのようにすべて善意に受けとることができれば、人間は幸福なのでしょうけれども、私たちはとかくそれとは反対で、悪い方にばかり受けとるのです。その悪い方にばかり受けとる心を転じて、どんなことでも善い方に受けとることができるようになるから、お念仏を申しなさい。お念仏すれば、雨の降る日も、風の吹くのも結構である。ほめられるのも、けなされるのもありがたいことであると、どんなことでも善意に受けとることができるようになりますと、こういうように聖人のお言葉を写しなおしてみたのです（本書七十三〜七十四頁参照）。

念仏者の生活

以前、ある新聞にたのまれて、「念仏者の生き方」ということを書いてみました。そこでその原稿を書きながら、念仏者は主義主張を持たないものであるということを考えてみたのです。

近ごろでは主義主張ということがさかんです。社会主義とか個人主義、また唯物主義に対しては精神主義というような主張があります。しかし念仏者はそのような主義主張を持たないものだと、こういっていいのではないかと思うのです。もっとも、そこには弱さがたしかにあるようです。念仏者はどこかしら弱い、もっと強く生きなければならんという批判も、そういうところから出てくるのです。それはともかく、念仏者は頑張るということをいたしません。なぜそうなのかということですが、その理由の一つとして考えられることは、どんな立場や主義主張にも、必ずどこかに善い面があるということを感じるからだと申したいのです。

学生時代に西洋の哲学史を習った時のことですが、ギリシャからはじまって、ドイツ、フランス、イギリス、いろんな国から哲学者が出ております。それが、どれも前の人を受けて、あの人はこのように述べているが、この部分は間違いであって、こうならなくてはならない、ということが出てくるのです。ですから、後に続く学者はずっと従来の思想を学んできて、そしてその上に自分の主張を立てねばならないということになるのでしょうか。私もはじめて学んだ時には、誰か一人をその中から選んで、その人について勉強しなくてはだめだというように思っていたのですが、今から考えますと、どれもみんないいところがあるのではないかという気持ちがするのです。

これもずっと昔のことになりますが、大谷大学におられたある先生が、学生に向かってこういうことをいわれたそうです。「君たちはしあわせだ、すでに真宗というものがあって、どんなに道草をくっていても、ちゃんとそこに帰れるということで落ち着いておられる。それに反して、自分などの場合、いろんなことを学び、知識としてたくわえるばかりだから、君たちが何か一生懸命に議論するのを聞いていても、ああ、あの考え方はカント的だな、あれはプラトンにあったなというふうに、みな引き合わせてみてしまう。だから予防注射したように免疫質になってしまって、感激もないし、動かされるということもない」といって嘆かれたそうです。ですが、そんなに悲観することはないのではないか。どの哲学者の思想にも、それぞれにいいところがあるのではないでしょうかと、そのように、どなたの意見をもみなもっともだ、結構であると受けとっていけるところに、念仏のよさがあるように思うのです。

実際に、私たちのその日その日のことを考えてみても、ある時は、お金があるということがよいように思えたり、また、ご馳走は何といってもおいしいものだと思うこともあります。ですけれども、だからといって、私は別に拝金主義者になったり、唯物論者にならなくてもいいのではないでしょうか。そういう金やご馳走がいいなと思える反面で、何も持たない少欲知足《しょうよくちそく》の暮らしのよさというものも、私は知っているのです。また、心一つで人間は生きていけるものだということも感じております。だからといって、世のいわゆる精神主義ということが、もしそのようなものであれば、私はその精神主義者ではありません。

清沢先生の精神主義

私たちの清沢満之《きよざわまんし》先生（一八六三〜一九〇三）は、精神主義というものを唱説されましたが、この先生の精神主義とは、念仏一つということです。清沢先生は明治期に出られた立派な方ですが、どういうものか、時がたつにしたがって、どんどん偉くなられるような感じがいたします。親鸞聖人にしてもそうかもしれません。六百年も七百年もたつと、聖人のおっしゃったことは、とてもすばらしいことのように感じられるのです。けれども、道は近きにありという言葉もあることですから、ただ尊んでいるだけではすまないと、そのようなことも時々思ってみるのです。

と申しますのは、私も清沢先生の真宗大学の学長時代の学生でしたが、毎月二十八日になされた学校の講堂でのお話で、こんなお話をなさったのをいまだに記憶しております。それは「自分は精神主義ということを説いております。その精神主義とはどんなものであるかといえば、日本ではいま左側通行ということになっていて、私はその規則にしたがって左側通行をしております。ところが今日、学校に来る途中で、ある曲がり角で荷車が突然私の目の前に出てきました。私はとっさに右側によけました。これが私のいう精神主義です」と、こういうお話です。

愉快《ゆかい》な話だと思いますが、精神主義とはそういうことなのです。左側通行といったら、むこうから来るものに衝突しても左側を歩かねばならん、というようなことではないということです。ただその物に左右されるのは精神主義ではないが、物を大切にしなければならないというのは精神主義でしょう。このような精神主義は、主義の名において頑張ることは必要ないのです。しかるに今日の争いというのは、みなその主義主張の頑張りですね。

しかし、私たちの日常生活は、そんなものではありません。ある時は身体を大事にしなければと考え、またある時は、心が大事だというのです。また、この世の中はどうも頼りにならぬものだと思いながら、反面に、その日その日のありがたさということも感じるのです。それに一つひとつ主義という名前をつけるとすれば、今日、唯物主義の私は明日は精神主義になる、今日は一元論であったのが明日は二元論になる、というようなことになります。そして、その一つひとつに何か思想的な根拠を持たねばならぬということになったら、堅苦しくて身動き一つできないことになるでしょう。

もちろん主義主張を論じる人は、世間にはまたそういう役割があるのですから、まったく必要がないとは申しません。けれどもその主義主張をたてに、けんかをしなくてもいいのではないでしょうか。唯物主義にも精神主義にも、社会主義にも個人主義にも、それぞれにその主義ならではのよさがあるのですから、そのよさだけをみていくところに、念仏者の生活の広さがあるわけです。

いつでもしあわせ

こういうわけで「もろもろの善法《ぜんぽう》を摂《せっ》す」とは、何ごとも善意に解することができ、どんなものからも善いところを受けこむことができる、ということを言おうとされているのではないであろうか。善法ということを考えるにも、仏教では六度万行《ろくどまんぎょう》十波羅蜜《じっぱらみつ》ということがあって、布施《ふせ》・持戒《じかい》・忍辱《にんにく》・精進《しょうじん》・禅定《ぜんじょう》・智慧《ちえ》というようにいわれております。そしてその一つひとつの内容となりますと、なかなかどうして容易ならないことのようですけれども、念仏を申せば、その心がおのずから善い方に向いて、社会に対しても自分相応《そうおう》のつとめをしましょうということになる。念仏によって、善にほこらず、悪にひがまないというはたらきが出てくるのですから、したがってそれを逆から申せば、いつでもしあわせであることができると、すなわち「もろもろの徳本《とくほん》を具《ぐ》す」ということであるに違いないのです。

もちろん、家じゅうが元気であって、和気にみちておれば、それはしあわせであるに違いありません。しかしまた、たとえ家に病人がいるとか、自分が病むということがあっても、念仏を申すことによって、私はしあわせですと、普通なら嘆くところを嘆かないですむことができるならば、それこそいつでもしあわせであるということであって、「もろもろの徳本を具す」といわれるところでしょう。そしてそれを次には「極速円満《ごくそくえんまん》」といわれております。

お浄土とは宝の世界

「極速円満す」とは、称《とな》えればただちにということです。念仏すれば、その時をうつさず、善いことをみつける心であることができる、しあわせを感じることができるのであると、それで「真如一実《しんにょいちじつ》の功徳宝海《くどくほうかい》なり」とあります。これにまさる宝ものはありませんと。しかし何を「真如一実の功徳宝海」という言葉であらわそうとされるのかといいますと、お浄土の徳ということでしょう。

親鸞聖人の見開かれた浄土は、涅槃海《ねはんかい》です。涅槃海は真如《しんにょ》である、一如《いちにょ》であると「証巻」には出ております。功徳宝海という言葉も、『阿弥陀経』などでは、功徳荘厳《くどくしょうごん》という言葉が何度も出てきます。お浄土とは、宝の海、宝の世界であると、こういってよいのだと思います。

生まれる前の世界

お浄土のことを、よく極楽《ごくらく》と申しますが、浄土三部経《じょうどさんぶきょう》を梵本《ぼんぽん》（サンスクリット語の経典）から和訳した本が出版されていて、それを読んでみますと、極楽を「幸《さち》ある国」と翻訳してあります。極楽という字も、これ以上の安楽はないという言葉なのですが、その原語の方も、翻訳すると「幸ある国」ということだそうです。そうしますと、いつでもしあわせであることができると、そしてそれが「真如一実の功徳宝海」であるということは、念仏者にはお浄土の徳が与えられているのであると、こういただいてよいのではないでしょうか。

浄土というのは、教えられてあることにしたがえば、死んでから後の世界ということになります。人間の生涯が終わってから、お浄土にまいるのだと説かれてあります。そうなると、死んでから後の世界などあるはずがないという意見も出てきて、知識人などには、むしろその方が常識のようになっていますが、それは無理もないことだと思われます。

思い出話になりますが、私が小学校に入った頃、極楽などあるはずがないと、担任の先生もいわれるし、友だちもみんなそういいました。しかし私にしてみますと、お経にちゃんと書いてあるのだし、法然上人《ほうねんしょうにん》とか親鸞聖人というえらい方が、浄土ということをおっしゃっているのだから、そこには何か深い意味があるに違いないと。そんなことが出発になって、今日まで、その意味をたずねることにかかりはててきたといってもいいのです。ですから、浄土などあるはずがないとおっしゃることも、一応納得できます。

しかし、人生ということを考えてみますと、浄土とは死んだ後のことだと説かれるのがあたりまえのことではないかと思うのです。いつも申しますように、お念仏のこころは南無阿弥陀仏です。南無阿弥陀仏とは、阿弥陀仏に帰依《きえ》することですが、その帰依《きえ》するとは〝生の依《よ》るところ、死の帰《き》するところ〟ということです。生死の帰依するところが、阿弥陀仏であり、浄土なのです。

この帰するところをもって、生の依りどころとするということに、浄土の教えの性格があるのです。ですから、その死の帰するところは、生の依るところであるといえば、逆に、浄土とは生まれぬ前の世界であると申してよいわけです。その方が死後の世界というよりも、少しはわかりやすいかもしれません。死の帰するところといえば、死後になるし、生の依るところといえば、生まれる前ということになります。ところが、浄土の教えでは、必ず、死の帰するところということをねらいとしているのです。生の依るところはおのずからなのであって、死の帰するところさえはっきりしていれば、それが生の依るところになるのであると、これが浄土の教えの一つの性格なのです。もっとも、浄土の諸師、たとえば善導大師《ぜんどうだいし》の言葉などにも、「浄土に生まれるとは、本来の家に帰る、本来の郷里に帰るのである」というようにいわれているのですから、未来の世界はすなわち本来の世界である、といってもさしつかえないのです。

ですが、未来の世界とか本来の世界とか申しますのは、それは現在の深さ、現在の深い底にあるのだということなのです。つまり、私たちの現在の生活の大地なのだということです。現在というのは、平板なものではなくて、深い底をもつものです。人間の生涯の帰依処《きえしょ》となるということは、また一生涯の地盤となっているものでしょう。そのような意味からすれば、浄土は現世をして現世たらしめているもの、つまり浄土を念じていくことによって、はじめて、現世が現世としての意味を持ってくるのだということです。

いかに死すべきか

話が飛躍するようですが、私には〝いかに生きるか〟ということより、〝いかに死ぬか〟ということが、何か親しいのです。こういうことは、二十歳前後に思いついたことなのですが、人生というのは、いかに死すべきかということにおいて、大切な意味が出てくるのではないかということです。

よく例として話すのですが、ある村に新しく病院が完成した。伝染病が多いので作られたのです。そこで村長さんが村の顔役を集めて、〝皆さんのおかげで立派な病棟ができました。ねがわくは、この後もますますこの建物が繁盛するように〟と挨拶《あいさつ》したというのです。これではおかしいのですね。〝こんな建物はない方がいいのだが、伝染病が出るからやむをえずつくりました。ねがわくは皆さんの尽力によって、一日も早くこんな建物の用がなくなるように……〟というべきところなのでしょう。

考えてみますと、何でも人間のことには、ものを尽くすということがあります。尽くすというのはなくするということです。病院であれば、病人をなくしていくということ。そうしますと、人間がどうしたならばこの一生涯を尽くすことができるかということは、いいかえれば、いかに死すべきかということなのではないでしょうか。もちろんそこには、何か暗い気持ちもあります。人間の世界は頼りにならないということがあるのです。その頼りにならない人間の一生を、どのように目指していけばよいかといえば、それがいかに死すべきかということになるのであると、そうすると暗いはずだった人生に、何か明るさが出てくるのです。私たちは普通、いかに生きねばならないかと考えるから、わからなくなるのではないでしょうか。

人生の目的は、幸福を目指すことにあるというのでは、曖昧《あいまい》です。その幸福とは何かと念を押してみれば、達者に暮らしていくことであるというようなことになって、それでは目的にも何にもなりません。生まれたから生きていくのだというだけのことです。だから、人生の意味をたずねようとすれば、いかに死すべきかをはっきりさせればよいのではないでしょうか。そして、心おきなく死んでいけるところが見つかるのであれば、それが本当の生の意義なのでないでしょうか。

この話をあるお医者さんにしましたら、自分はそれを実行しているといわれました。外科医の人ですが、通常、盲腸などは一週間か五日間で治すのが規則になっているのだけれども、自分はどうにかして三日間くらいで治そうと苦労している。何せ私自身、いつ死ぬともわからない身なので、早くご用を終えないとだめですから、と。ところが、そう努力していると、だんだん繁盛してくるんです、ということでした。

いかに死すべきかということに見当をつけておけば、逆に、だんだん生きていけるようになるのでしょう。そのように逆のことが出てくるということのみ考えますと、いかにもつまらぬことをいっているようですけれども、しかし、そこにやはり人生観ということがあるのだと思います。人生は頼りにならないもので、頼りにならないということで生死問題を考えていくとすれば、いかに死すべきかというふうに問題を立てるしか方法はありません。

そうしますと、死の帰すべき浄土の徳というものが、おのずから生の依るところとなりますから、それが「真如一実《しんにょいちじつ》の功徳宝海《くどくほうかい》」なのであって、あらゆる徳をそなえているのであると。

天親菩薩《てんじんぼさつ》の著された『浄土論《じょうどろん》』でも、眼でみるもの、耳で聞くもの、鼻で嗅《か》ぐもの、そのようなすべての善いものを浄土の徳として述べてありますが、私たちはそれを念仏の生活においていただくのです。念仏申すことによって、浄土の光を見、浄土の声を聞き、浄土のにおいを味わっていくことができるのだということです。

平和をもたらすもの

どうしてそうなるかといいますと、阿弥陀仏の本願があって、もろもろの仏（諸仏《しょぶつ》）たちに、わが名を讃《ほ》められんとお誓いになったからです。この仏の願いは、仏《ほとけ》ごころといってもよいでしょう。仏ごころは、どんな人にもしあわせを与えたい、どんな人にも浄土の徳を与えたいということなのですが、それを、もろもろの仏たちにわが名を讃め称《とな》えられんというように誓われたのです。

諸仏とは、人生とはこうあるべきものだということのわかった方々です。諸仏と申しましても、特別な方ではなくて、もののわかった人といってよいのでしょう。もののわかった人は、みな仏の願い、仏の心を讃めたたえられるのです。人間というものは、無限者に帰依する念仏の心なくしては、本当にしあわせになることはできないのだということを、もののわかっている人はみんなおっしゃるのだということでいいのではないでしょうか。

このように考えますと、諸仏ということも広くなります。先日もテレビでいろんな人の話を聞いて大変感心したのですが、いろいろな方面からよいことをいってくださるのです。新聞や雑誌をみましても、ずいぶんよいことがいわれてあります。世間には、そうものわからない人ばかりではないのです。知識にとらわれて、浄土の教えに反対する方もありますが、最近は、声のない声というのか、どこか人びとの心がまことを求めて、浄土の教えにひかれているのだなということを、思いがけないところでよく感じさせられるのです。いいかえれば、それが諸仏証誠《しょぶつしょうじょう》であって、みんな人間の浄土を明らかにしようとされているに違いないのです。こういうわけで、私たちは、お念仏を申せばおのずから、そのお念仏が浄土を証誠するのです。

その南無阿弥陀仏ということを念仏というのであり、それが正行《しょうぎょう》であり、正《しょう》念《ねん》であると。ですから、念仏によって一切の迷いをはなれ、一切の望みをみたすことができるのだといわれることには、何か大変近いところに念仏の徳のあることを感じるのです。

先日もある人がテレビで「世界平和、世界平和だといってみても、それはただ言葉にすぎない、それよりも手をあわせて、南無阿弥陀仏ということの方が本当ではないか」というようなことをいわれました。なるほどな、それに違いないと思いました。今日では、南無阿弥陀仏といえば呪文であり、平和ということこそ生活に即するといっておりますけれども、案外、平和だ平和だということの方が、おまじないなのかもしれません。何かいえば世界平和と申しますが、案外おまじないになっているのではないでしょうか。その証拠に、いっこうにご利益が出てきません。

本当の平和をもたらすものは、直接的ではないかもしれませんけれども、阿弥陀仏の前に帰依合掌《きえがっしょう》するよりないのです。「もろもろの善法《ぜんぽう》を摂《せっ》し、もろもろの徳本《とくほん》を具《ぐ》す」のであると。いかなるものも、念仏申すことによって意味のあるものとなり、それによって本当の生活を送ることができる。すなわち、この上なしの宝をあらわそうとされるのが、〝念仏成仏これ真宗〟といわれる教えなのであると、そのありがたさをいただけるのです。

宗教とは

お念仏のありがたさは、真宗の教えとしてもっぱら説かれてあることではあるけれども、他宗の人もまた念仏のありがたさを讃《たた》えておいでになる。そういうところに大行といわれる意義、絶対不二《ふに》の教えといわれる意義があるのだと思います。

それについて、以前に「真実の宗教・宗教の真実」という題で話をしたことがあるのを思い出しました。真宗というのは真実の宗教ということである。まことの教えというものである。ところが世の中には宗教と呼ばれるものはたくさんありまして、それらも宗教でないとはいえません。ですが、それらが宗教といわれているのはどうしてかと、その意味をはっきりさせようとすると、結局、真宗のようなことになってしまうのであろうと、そのようなことを話したのです。

そのことを思いあわせまして、たとえば人間ということでも、真実の人ということと、人の真実ということとは、表現は違いますけれども、帰するところは同じことになるのではないかと思います。まことの人、本当に人らしい人というのはこういうものであるということを明らかにしていくと、どんな人にもあるまことというのはこういうのである、ということになるわけです。そうい

うように、本当の宗教とはこういうものだということを明らかにしていけば、
結局、真宗の教えということにならなければならないということです。

第五章　『教行信証』の名号六字釈

「南無《なむ》」と言うは、すなわちこれ帰命《きみょう》なり、またこれ発願回向《ほつがんえこう》の義《ぎ》なり。「阿弥陀仏《あみだぶつ》」と言うは、すなわちこれ、その行《ぎょう》なり。この義をもってのゆえに、必ず往生《おうじょう》を得《う》
（『教行信証』「行巻」・聖典一七六頁）

浄土をねがう心

さてここからは、『教行信証《きょうぎょうしんしょう》』の本文としては、昔から「名号六字釈《みょうごうろくじしゃく》」といわれているところです。善導大師が説き始められ、法然上人がお伝えになり、宗祖聖人もその領解《りょうげ》をお述べになり、そして蓮如上人《れんにょしょうにん》がもっぱらそれについてお述べになったお言葉です。このお言葉をやさしくいいかえますと、

南無阿弥陀仏と申すことは、かぎりなきまことに帰命することであって、それは証《さと》りの世界へとねがう心である。だから南無阿弥陀仏と申すことは、証《さと》りの世界への歩みであり、したがって、必ずその世界へ往《ゆ》くこと

ができる。

こういうようなことです。ここで大切なことは、証りの世界へ往くこと、もっと親しみ深い言葉でいえば浄土へ往くこと、その浄土をねがう心が念仏となるのである。念仏すれば浄土へ往けるということを、裏から申しますと、浄土をねがう心が念仏申すのである。こういうわけで、浄土往生ということが、浄土真宗の教えの中心になっております。

このことをどのように言いあらわすかということにつきまして、最近読んだ本に書いてあって、なるほどなと感じることですが、老人になると、ことに個性というものがはっきりするのだそうです。若い時にははっきりしないものが、老人になると非常にその人ということがはっきりするものだということです。私なら私というものがはっきりしてくる。いろいろと覚えてきたことが、あらかたはげ落ちてしまって、そして今も身についているものだけが、これが私の生き方だったなという、そういうことがはっきりするものだということをつくづく思うのです。

私は一生涯仏教の話をしてきたのですが、その私の仏教の話というのは、いったい何を話そうとしているのであろうか、ということについて「人生を語る」という言葉が思い浮かびました。私には、一生涯人生を語るという、そういうことが自分の歩み方だったに違いない。その眼でみますと、浄土教というものも、人生を語る、つまり人間の一生涯はどういうものであるかという、こういうことであるのでないだろうかと思うのです。

人生を語る

私が学生時代にいろいろ書物を読んだり、先輩や友人の書いたものを読んだりしたことを考えてみますと、その言いあらわし方はだいたい三通りになるようです。

こういう分け方も私の癖《くせ》かもしれませんが、まずその一つは、〝法界《ほっかい》を語る〟

ということです。どんなことかというと、「そもそも宇宙の根本原理は……」というようなこと、これが仏法だという考え方ですね。真宗の坊さんの場合そうでもないようですけれども、他宗の偉い方のお話を聞きますと、たいていの方は、「そもそも宇宙の根本原理は……」と、そういうところから話されることが多いのです。

なるほど仏法にもそういう見方があります。いわゆる大乗《だいじょう》の経典は、如《にょ》の世界というところから、法界縁起《ほっかいえんぎ》とか、諸法実相《しょほうじっそう》とか、というようなことを申します。また西洋の哲学《てつがく》でも、最初は自然哲学といって、広大なる天地の中に我われは生を受けたのですから、人間とはどういうものかということを考える時には、まず、天地万物は云々というところから説きはじめなければならない。そういうことが一つあるようです。

それに対して、まず〝自己を語る〟という考え方があります。これも西洋で申しますと、ソクラテスのような人が出てきて、「汝《なんじ》自身を知れ」と、自分を知るということが、まず何より大事なことではないかということをいい始めました。お釈迦さまが、「自らに帰依し、法に帰依せよ」ということをおっしゃったのも、やはりおなじようなことだったのかもしれません。何か、自分というものはどういうものなのかということに、目を覚ませということであったのでしょう。現代でも、〝私はこれこれこういう人間です〟とか、その他いろいろと自分を語るということが行われておりますし、私たちの青年時代にも多かったように思います。この考え方は先の場合と逆に、私たちに身近なものですけれども、あまりに近すぎて、浄土教の語り方としてはどうも今一つ落ち着かないものが私にはあります。もっとも真宗でも、善導大師などは「自身は現に」といっておられます。この〝自分はどうか〟というところから出発するということもわかるのですけれども、その中間のところで、もう一つ〝人生を語る〟ということがあるように思うのです。

人間の一生とは、どういうものであろうかという問題です。私たちはこの世の中に生まれて、嬉しいとか悲しいとか、可愛いとか憎いとかいって、五十年なり八十年なり、因縁《いんねん》のある人生を歩んでいかねばならないのですが、その人生というものをどのように考えていくべきだろうかということです。もちろんこれも自己を語るのですけれども、それは人生というものにおいて自己を語るのである。また天地万物の道理というものも、人生の歩みにおいて語るのですから、いつでも語る問題は、人生を語っているのであるということが、私の生涯であったのですが、あるいはそれが浄土教というものであったのではなかろうかと思うのです。

何を道連れに

この、人生を語るということで、この頃ふと道連《みちづ》れということを思い出しております。旅は道連れといいますが、私はいったい何をたずねているのであるかというと、道連れをたずねているような感じがするのです。旅の道連れといっても、これは昔のことで、今ではもう、特急に乗ればすぐに東京へというようなことですから、道連れも何もあったものではありませんが、昔のことを思いますと、京都から東京へ行くとなると、一人では淋しいでしょうし、道連れが欲しいのです。その道連れにも、家を出る時からいっしょに行こうじゃないかというお連れもあります。たとえば、同じ真宗のお寺に生まれたとか、同じ門徒の出だとかいうのは、出発から志《こころざし》を同じくして行く道連れでしょう。

しかし道連れの面白さは、袖ふり合うも多生《たしょう》の縁ということで、ふとしたことから途中で道連れができたということの方が、昔の人がいった旅は道連れということの本当の面白さではなかったかと思うのです。〃あなたはどこへ行かれますか〃〃東京です〃〃そうですか、私も東京なんです。ではいっしょに行きましょう〃というようなことから、いろんな話がはじまり、〃あなたのお里は〃というようなことで身の上話も出てきて、やがてその人の人生観にまでおよぶようなことになると、なるほどそういうこともあるなということで、最初からいっしょに出発した友達よりも、もっと親しみのわくものではないかと思います。

私には、同じ真宗大谷派の宗門《しゅうもん》に属し、同じ学校を出て、道を求めて来た友人もありますが、そうでない人も多いのです。他の宗旨《しゅうし》の人もおりますし、時によると、仏法にあまり縁のない人でも、ふとしたことから私の書いたものを読んでくださる方もあります。そういう方々がまた大変懐かしいのです。私が道連れになるわけではありませんけれども、私の話がその人たちの道連れになり、書物が道連れになるということです。昨年もある方が手紙をくださって、銀行の用事で欧米の方へ旅行したが、その時あなたの書物を持って行きましたというようなことが書いてありました。

人生の落ち着く先

このようにして、道連れということを思いますと、たいていの場合、それは真宗の教えを語るのではなくして、人生を語っているのです。人間の生活というものは、どのように考えたらよいのだろうか、悲しい時にはどうしたらいいのかと、そのように人生を語るところに、先にも申しましたが、何か浄土教というものの一つの特徴があるように思われます。今日では、宗教といえば、人間を語るとか、世の中を語るというようなことになっているようですし、また人間観ということも面白いのですけれども、何かそれがどこかへすべってしまうような感じもいたします。ですから、人間を語るのでなくて、人生を語るというところに、自分を語るということもあるのではないでしょうか。

旅の目的はそれぞれ別でもかまわないのです。商売を一生の仕事にされる人もあれば、農業にいそしむ人もあります。けれども、人生の落ち着く先はちゃんと決まっているのである。そこへ行くのだという時に、それぞれ職業は別であっても、役割は違っても、何か話がお互いに通じ合っていける。そこに、旅は道連れという気持ちがあるのでしょう。その話が、何のこだわりもなくはずんでいくというそういうものが、私には浄土真宗の教えを喜んで聞いてきたところの歩み方であるように思うのです。

この道、行く人なし

六字釈《ろくじしゃく》のおこころをお話しするにあたって、浄土教のあり方は、法界《ほっかい》を語るのでも、自分を語るというのでもなくして、その中間のところで、人生を語るというところにあるのではないかということを申してきました。そして、旅は道連れということをお話ししたのですが、そのように人生を語るということがありますと、そこに懐しく忘れられないものがあって、淋しくないのです。もっとも、絶対孤独という言葉もあります。人間というものは、「独生独死独去独来《どくしょうどくしどっこどくらい》」で、一人できて一人で行かなければならないということも、たしかにその通りです。そして、こんなことをいってみても、他人にはわかってもらえないということもあります。しょせん私たちのしゃべっていることは、ひとり言だということもいえないことはないのです。けれども、そのひとり言であって誰に話すのでもない、自分が自分に話すのだというものであればあるほど、反対にどこかに道連れを考えているということがあるようです。

芭蕉が、「この道や　行く人なしに　秋の暮れ」という句を作っております。芸術の妙というものは、自分にはわかっているけれども、誰にも理解してもらえないものだ、というような気持ちを詠《うた》ったのかと思いますが、しかし、なぜそのようなことをいわなければならないのでしょう。だまっていればいいことだとも考えられます。ところが、その芭蕉の句に感心して、俳句を志すという道連れがたくさん出てきているのです。聖人が、「親鸞一人《いちにん》がためなり」（『歎異抄』）とおっしゃるところにも、やはりまた多くの道連れができております。

招かれて歩む

さて、六字釈のこころですが、浄土へ往《ゆ》くという願いが念仏を申させるのです。念仏を申せば浄土へ往くということなのですけれども、その裏を考えれば、浄土への願いが念仏を称えさせるのです。それは、親鸞聖人から申しますと、浄土からのお招きなのである。帰命《きみょう》というのは「如来の招喚《しょうかん》の勅命《ちょくめい》」なのであって、念仏して浄土へ往くということは、浄土からのお招きによるのであるから、必ず浄土へ往けるのであるとお説きになっております。そこには、何か道というものがあって、みな同じところへ帰するのであるということではないでしょうか。

そういうことで、人生を語るということは、人それぞれの業行《ごうぎょう》があるのだけれども、それが互いに通じ合うということにおいて、平等に一つ道を歩むのであるということが思われるのです。

仏法を語る

私がいつも思うことで、前に書いたものを発表したこともあるのですが、私はだいたい教義のみを語るということを好みません。といっても、それより他には何も知らないのですから、真宗の教えはこうですとか、本願のいわれはこういうことであると、そういうことをお話しするより種はないのですが、話がそれればかりになりますと堅苦しく、時には教義ばかり語っても、いったいそれはどうなるのかということを思います。ですから、私の家を訪ねてくださる方でも、そういう教義の話ばかりされますと、しまいには当惑してしまうのです。それでは、世間話をする人はどうかというと、これもまただめなので、私は世間話は全然といってよいほどできない人間なのです。ではどんな人がいいのかと申しますと、世間話をしておられるかと思うと仏法の話をなさる、仏法の話をなさっているうちに、それがいつの間にか世間話になっている、そのような話がいちばん好きなのです。そういう方と話しておりますと、三時間話しても五時間話しても飽きません。

これはしかし、私の性格ですので、そういう話がいいのだと決めつけるわけには、もちろんいきません。ただ、申したいことは、人生というものは、「法《ほう》」だの「機《き》」だの、いや「還相回向《げんそうえこう》」がどうのという、それだけのものではないということです。つまり、浄土真宗といっても、それは何か専門のものではないということです。

北陸の方では、在家の方がお聖教《しょうぎょう》の言葉を坊さん以上に詳しく知っておられるということもありますし、逆に京都は仏法繁盛《はんじょう》の地のようだが、いちばん仏法のないところは京都だといわれた人もあります。そうかもしれません。あるご講師の講録に、『浄土論《じょうどろん》』の「何等《なんら》の世界にか、仏法功徳《くどく》の宝《ほう》ましまさぬ。我《われ》願わくはみな往生《おうじょう》して、仏法を示すこと仏のごとくせんと」（聖典一三八頁）。どこかに仏法のないところがあるなら、そこへ行って大いに仏法を広めようというのが、浄土の菩薩の精神である、というところを講釈される中で、〝無仏法のところというものがあるものじゃ〟と、京都のことをおっしゃってあるのを記憶しております。

どんなお気持ちでいわれたのかわかりませんが、なるほどそういうものかもしれません。生活に即するのが仏法ならば、お寺がたくさんある京都に住む人たちは、まずもって、一人のこらず、念仏の生活者でなければならないはずですけれども、実際はどうかというと、必ずしもそうでないようです。縁起《えんぎ》かつぎということは、仏法にはないはずなのに、京都は日本でいちばんそれをやかましくいうところだということも聞いております。まあ、そのようなことでも困りますが、かといって仏法だけを語るのでは人に嫌われるということもあるようです。

信心のあるなし

なぜ嫌われるかといいますと、そういう人には、どこかに〝私は信心があるんだぞ〟というようなことがあるのではないでしょうか。おまえたちはないんだぞと、そのような感じを周囲の人に与えるのでしょう。それを取り除こうとされるのが、親鸞聖人が善導大師の六字釈を「本願招喚《ほんがんしょうかん》の勅命《ちょくめい》なり」（聖典一七七頁）と領解なさったおこころとも思われます。

だいたい信心というものは、わが身をかえりみれば、どんな人でも私に信心があるとはいえないのが他力の信心です。信心ありということのできるのは自力の信心でしょう。

しかしまた、本願のおこころのありがたさを聞かせていただけば、私に信心はありませんということもできないのが、浄土真宗なのです。自分の心をおさえてあるともいえないし、お聞かせいただけばないともいえない。その信心は本願のまことと一つである。その本願のまことと一つであるということを明らかにするところに、親鸞聖人が、「本願招喚《しょうかん》の勅命《ちょくめい》」といわれ、また「「発願回向《ほつがんえこう》」と言うは、如来《にょらい》すでに発願《ほつがん》して、衆生《しゅじょう》の行《ぎょう》を回施《えせ》したまうの心なり」（同前）と説かれたお心持ちがいただけるのです。

それがはっきりいたしませんと、私に信心ありということがどうしても出てくるのです。ここ四、五年来、毎年私に手紙をくださる方があります。北陸地方のご老人ですが、手紙をいただいても、お書きになっていることがちんぷんかんぷんでわからずに困るのです。そのご老人が、どうもこの北陸地方には本当の真宗はありません、本山あたりから来られる人でも、変なことばかりいわれる、というようなことを書いておられるのですが……、真宗の話を聞いて気の病《やまい》が治るということも事実として私は聞いたことがありますけれども、このご老人の場合はその逆です。どうにもならないということで悲しい気がするのですが、そんなことがどうして起こるのかというと、我に信心あり、汝《なんじ》らに信心なし、ということからです。そうではありません。自分に信心があるかないかは、みてくれる人が知っているのでしょう。真宗の信者というものはいいものだな、私もできるならあのような信者になりたいなと、そういうものがおのずと出てくるのではないでしょうか。

落ち着くところ

ある方の随想を読みましたら、「味噌《みそ》の味噌くさきは真の味噌にあらず、しかし味噌の味噌くさからざるも真の味噌にあらず」ということが書いてありました。たしか坊さんを批判した言葉だったと記憶しています。坊さんで坊さんくさいのは困るけれども、かといって近頃の坊さんのように、ちっとも坊さんの臭いがしないのも困ったものだ、というようなことらしいのです。味噌くさいというのは鼻につくということでしょう。本当の味噌の味はそうでなくて、身につくのだということでしょうか。鼻につくからいやなので、本当に身についた時には、世間話をしているようだけれども、それがいつの間にか仏法の話になっているというようなことです。それが本願念仏の教えであって、経典学なのではない。善人であろうが悪人であろうが、賢くても愚かでも、在家止住《ざいけしじゅう》の生活者の唯一の道であると説かれた所以《ゆえん》でしょう。

今日は、宗教家のいうことをみな聞こうじゃないかとか、尊い教えを聞かなければならんという時代ではないのかも知れません。しかし、そのような世の中であればなおさらのこと、我われは本当にまじめに人生を考えていこうじゃないか、語り合ってみようじゃないか、ということが大切なのではないでしょうか。

その時あなたはどうしましたか。涙をどのように癒《いや》されましたか。その喜びをどうして浮《うわ》ついた気持ちにならずにすまされましたか。こんなふうに人生を語り合うところに、仏法の根本もまた知らされてくるのです。浄土真宗のあり方はそのようなものであると思うのです。六字釈のお言葉を念頭に浮かべながら、みんながそれぞれの人生に即して、親しんでゆける道があるのだということをお話ししてみました。落ち着くところを一つにするところに、お互いの生活を語り合えるという真実の同朋《どうぼう》というものがあるのではないかと思うのです。

第六章　七高僧のお言葉

『十住毘婆沙論《じゅうじゅうびばしゃろん》』（入初地品）に曰《い》わく、ある人の言わく、「般舟三昧《はんじゅさんまい》および大悲《だいひ》を諸仏の家と名づく、この二法よりもろもろの如来を生ず。」この中に般舟三昧を父とす、また大悲を母とす。また次に、般舟三昧はこれ父なり、無生法忍《むしょうぼうにん》はこれ母なり。……（中略）

（易行品）また曰《い》わく、仏法に無量の門あり。世間の道に難あり、易あり。陸道《ろくどう》の歩行《ぶぎょう》はすなわち苦しく、水道の乗船はすなわち楽しきがごとし。菩薩《ぼさつ》の道もまたかくのごとし。あるいは勤行精進《ごんぎょうしょうじん》のものあり、あるいは信方便《しんほうべん》の易行《いぎょう》をもって疾《と》く阿惟越致《あゆいおっち》に至る者あり。乃至　もし人疾《ひと》く不退転地《ふたいてんじ》に至らんと欲《おも》わば、恭敬心《くぎょうしん》をもって執持《しゅうじ》して名号《みょうごう》を称すべし。

（『教行信証』「行巻」・聖典一六一頁～一六五頁）

龍樹菩薩《りゅうじゅぼさつ》

ここでは、「行巻」の最初に引かれてあります『大無量寿経』のお言葉に続いて出ている七高僧《しちこうそう》のお言葉についてお話ししてみようと思います。

その七高僧のお言葉の最初は龍樹菩薩の『十住毘婆沙論《じゅうじゅうびばしゃろん》』ですが、これは私が『教行信証』を習いはじめました頃、とくにわかりにくいので困った箇所です。けれども今日になってみますと、この長いお言葉がたいへん意味深くありがたいのです。それを簡単に申せばこういうことになろうかということで訳してみました。


龍樹という聖者は、こういっておられます。「念仏すれば仏の家に生まれる。その家には、智慧《ちえ》と慈悲《じひ》との父母がありますので、心安らかに、よろこびは多く、どのようなことがあっても、煩《わずら》い悩まされることはありません。そうして、その家に生まれた身は、内に永遠のいのちを感じて、人生の苦難に耐える力を得ることになるのです。

努めて善《よ》いことをすることは、徒歩で遠いところへ行くようなもので、難しいことですが、念仏すれば、船路《ふなじ》を行くように、たやすくできるようになります。だから、みんなで念仏を申しましょう」。

これだけを今、龍樹菩薩のお言葉からいただくことにして、それを念頭において、七高僧の上にあらわれているお念仏とはどういうものであるかということを申してみたいと思います。

念仏と私

いつも申しますように、念仏といえば、念じられるのは阿弥陀仏であり、念ずるのは衆生《しゅじょう》、つまり私です。ですから、阿弥陀仏と私というものがあって、そこに念仏ということがあるということは、間違いのないことですが、しかし、阿弥陀仏があり、またここに自分がいるということがわかるのは、念仏によるのです。ですから、念仏の他に、阿弥陀仏がましまし、また自分があるということを知る道はないのです。念仏をはなれて仏もなく自分もない。こういってもいいと思います。念仏する心になってみると、そこに仏があり自分があるということになるのです。仏があるから念仏するのではない、念仏するから仏があるのだといってもいいでしょう。

けれども、そうすれば、お念仏で仏さまをつくるように思われるかも知れませんが、そうではありません。聞こえたから声があったのに違いない、しかし聞く耳がなければ、声はわからない、というのと同じことで、私がいて、そこに念仏というものが出てくるのに違いないのですが、しかしそれはどうしてわかるかといえば、念仏しなければわからない。これをいいかえますと、仏は私たちの前に、念仏として現れてくださるのである。その南無阿弥陀仏によって、私は自分がここにいるということを知らせていただくのだということになるのです。

こういってしまえば、きわめて明瞭なことのようですが、しばしば誤解の出てくる点で、念仏して浄土へ往《ゆ》くというが、阿弥陀仏があるかないか、浄土があるかないかわからないのに、どうして阿弥陀仏に帰依して浄土に往かれるのか、というようなことをいう人があります。そうではありません。念仏することにおいて仏が仰がれ、念仏することにおいて浄土が見出されるのです。

こう言うとまた、それなら念仏をはなれて阿弥陀仏も浄土もないというように考えがちですが、それはしかし、他面から申せば、やはり阿弥陀仏があり、自分があって、そこにお念仏があるのである。この関係については、また後でお話ししてみたいと思います。

なぜ南無阿弥陀仏

さて、「念仏すれば仏の家に生まれる。その家には智慧と慈悲とが父母になっておられるので、心安らかによろこびが多い」と申しました。これについて思い合わせられることは、やはり、「行巻」に善導大師のお言葉として引かれてある問題で、念仏とは仏を念ずるということなのだから、仏と名のついた方なら、阿弥陀仏でなくても、薬師如来でも大日如来でもいいではないか。それをなぜ南無阿弥陀仏でなければならないか、ということです。

私はこの問題を自分で見出したように思っていたことがありましたが、そうでなく、善導大師がすでにはっきりと取り上げておられるのです。で、それはどういうわけかと問いを立てて、善導大師はいろいろと答えられております。我われの心というものは、よろずの仏を念ずるということになると、かえって心が乱れるのであって、一心正念《いっしんしょうねん》であろうとすれば、ただ阿弥陀仏を念ずるより他はないのである、といっておられます。ここに南無阿弥陀仏の徳が一つ現れているわけです。

南無阿弥陀仏といっても、たくさんの仏があるのに他の仏はみんなだめで、阿弥陀仏でなくてはならないというように、わけへだてをすべきではなくて、純粋な宗教感情といいますか、ひたすら仏を念ずる心が南無阿弥陀仏なのです。したがって、拝まれる仏は、お釈迦さまであっても、薬師如来であっても、その拝む心は南無阿弥陀仏である。どこへいっても南無阿弥陀仏と拝めば、よろずの仏も私たちをまもってくださる。薬師さまだから南無薬師如来という方がいいのだというようなことでは、かえって薬師さまはお困りになると申したこともあります。

いつも申すことですが、たとえば病気になった場合に、お医者に、身体の具合がわるいのですがよろしく、といえば、医者の方も都合がいいのでしょう。ところが、いろいろと病人の方から注文をつけると、医者は困ります。胃がわるいから治してくださいと頼んだとしても、自分で胃だと思っているだけで、医者からみれば違っているかもしれません。それと同じように、南無阿弥陀仏と申しさえすれば、阿弥陀仏は無限の智慧と慈悲なのですから、薬師如来も、他の仏さまも、よろしいといって、それぞれのはたらきをしてくださいます。南無阿弥陀仏と、こちらのはからいをまじえない念仏があれば、そこにおのずから、この世も後の世も広大な利益《りやく》が与えられるのだと、善導大師はいわれております。

悪業を浄《きよ》める浄土

　このことを龍樹菩薩のお言葉の上でいえば、如来の家に生まれるということでしょう。如来の家、すなわち南無阿弥陀仏によって生まれる浄土です。だからそれは諸仏の家ではない。諸仏を念ずるのは浄土を現世に求めているのです。だから、人間の世界に安住の家を求めているのです。そういうことでは、本当に救われるということはありません。お念仏によって如来の家に生まれる時に、そこにはじめて仏の智慧と慈悲というものを感じさせていただくから、心安らかによろこびが多くしあわせであることができると、こういうことでしょう。

　そこに、念仏は大行《だいぎょう》であるといわれる意味があります。大行とは普遍の道ということで、いつでも、どこでもということです。それは、私たちが拝む場合ですと、お宮でも教会でもいい、どこでも南無阿弥陀仏ということによって、よろずの神仏が私たちをまもってくださるということになるのである。

そういう意味でいえば、浄土ということは、浄土という一つの場があって、そこへ生まれるということですが、また土を浄める、と読んでみますと、浄土は人間の悪業《あくごう》を浄《きよ》めていくということになります。これは道綽禅師《どうしゃくぜんじ》によると大変はっきりしているのです。私たちは、瞋《いか》りと愚痴《ぐち》と欲の心をおさえようとしても、おさえて除《のぞ》き去ることはできません。瞋りの心を退治しようと思うと愚痴が出てくる、その愚痴を退治すると欲が出てくるといったように、退治しきれるものではない。とても一切の罪障《ざいしょう》を除くということはできないことであるが、それが、南無阿弥陀仏だけで、一切の煩《わずら》い悩みをはなれることができるのだと、こういわれてあります。これを裏から申せば、仏教においては、こうしなければならないということはないということです。

難行の道・易行の道

今さらいうまでもなく、よくいわれることですが、西洋の宗教には、こうしなければならないということがあるのです。仏教でも聖道門《しょうどうもん》になると、六波羅蜜《ろっぱらみつ》というようなことがあって、それを修行《しゅぎょう》しなければならないということがあります。真宗にはそういうことがないので弱いのだと、知識人はよく申します。はなはだしくなると、真宗は怠《なま》けものの宗旨《しゅうし》だとさえ批評されます。けれども、やはり真宗では、決めつけていくということはありません。いわゆる道徳箇条をもって人間の行いを正していこうということがないのが、念仏の道です。

先に読みました龍樹菩薩のお言葉でいえば、「努めて善いことをするのは、徒歩で遠いところへ行くようなもので、難しいことであるが、念仏すれば、船路を行くように、たやすくできるようになります」と、こう簡単に申しましたが、龍樹菩薩は、これを難行道《なんぎょうどう》・易行道《いぎょうどう》といっておられます。諸善万行《しょぜんまんぎょう》を修《しゅ》するのは難行であり、南無阿弥陀仏一つということは易行道であると、このように二筋の道があるといわれます。そして、これを難行道は陸路を歩いて行くようなものだし、易行道は舟に乗って行くようなものだと、たとえられてあります。しかしこのお言葉をよくうかがいますと、道が二通りあるといわれているのではなくて、難行であることが、念仏によって易行になるということなのです。こうあらねばならないと決めてかかることは、難行です。布施《ふせ》・持戒《じかい》・忍辱《にんにく》・精進《しょうじん》・禅定《ぜんじょう》・智慧というような六波羅蜜は難行です。なかなかできることではありません。

ヒューマニズム

話が横道にそれますが、私のような年配になると、筆不精《ふでぶしょう》になるとともに、またお弔《とむら》いやお祝いの手紙を書かねばならないことが増えてきたような気がいたします。そして、お祝いの時には、心からおよろこび申し上げます。お弔いの時には、何ともお悔やみの言葉がありません、と書くのです。誰でもお互いに、こういってなぐさめ合っているわけでしょう。

ところが、先日ある書物を読みましたら、そういう挨拶は、人間の道徳感情からすれば、あまり立派なものだとはいえないとありました。なぜなら、他人に不幸があった場合には、まず自分ではなくてよかったと思うだろう。その次にあんなことになったのは、何か不手際があったからに違いないと思うだろう。このように、本当にその人の身になって案じるということはないのである。したがって、慰問を受ける方でも、場合によると、あんな奴にまで同情してもらわねばならないか、という気もするものだ、といってありました。

このように人間の感情をあばき出されると変な気持ちがします。お祝いにいたっては、心からおよろこび申し上げるというけれども、たいていは嘘だといってあります。どこかに人のしあわせをねたむ心がひそんでいる。だから、祝福される方でも、幸福を独占して、同じようなよろこびは他の人にはないように思うものだと、こんな皮肉なことまで書いてあります。たしかに、そういわれても、いや私は違うとはいえそうにもありません。

ところがその学者はこういっております。自分の知人とか肉親にかぎらず、どんな人にでも、アメリカ人でもインド人でも、その人が亡くなった時にお気の毒だと思い、またよいことがあった時には、本当によかったという念があれば、それは道徳的だというのです。つまりヒューマニティということでしょう。たがいに助け合おうというようなものですが、こうなるとまた問題が出てくるのです。

ヒューマニズムになると、同情とか、ともによろこび悲しむということではなくて、何か権利・義務というような形になってきます。困っている人があれば、それをたすけるのは義務である。たすけてもらう方は権利があるというようなことであるらしいのです。

そういうことなら、仏教に説いてあることもわかります。たとえば物を施す場合には、三輪清浄《さんりんしょうじょう》といって、私がこれをあの人にやるのだという気持ちではいけないと申します。つまり、施すということは、今は私の手元にあるけれども、本来あの人のものなのだから、与えるのが当然であるというようなことになります。こうなれば、よくわかりますが、なかなか難しいことになります。

〝おのずから〟な道

そのような難行が、念仏申せばたやすく行うことができるようになる、といわれるのは、善いことをしないでもいいということではないのです。念仏するところでは人にものを施しても、それは施させていただいたのである、本来むこうの人のものなのだという気持ちも、念仏のはたらきからおのずと出てくるのです。〝ねばならぬ〟でなくて、〝おのずから〟出てくるのです。念仏申せば、欲の心も、腹立つ心もほどほどにさせていただいて、おのずと消えていくのです。

諸善万行《しょぜんまんぎょう》一つひとつを考えていくと、大変なことですけれども、それが南無阿弥陀仏の徳によっておのずからできるものはでき、できないことはできない。できないからといって、それで苦しむということもなければ、できたからいばるということもない。そうせしめるはたらきがお念仏の上にある。これが大行《だいぎょう》ということです。

それが、大行は「もろもろの善法《ぜんぽう》を摂《せっ》し、もろもろの徳本《とくほん》を具《ぐ》す」と説かれてあるおぼしめしである、ということが思われるのです。

念仏は宗旨をこえて

「行巻」をみますと、七高僧のお言葉が引かれてある中に、余宗《よしゅう》の天台宗《てんだいしゅう》、華厳《けごん》宗、法相《ほっそう》宗、三論《さんろん》宗というような宗旨《しゅうし》の祖師《そし》方が、みな念仏の徳を讃《たた》えられているお言葉が引用されております。ここには何か私たちの考えさせられることがあるようです。

余宗の祖師方がみな念仏の徳を讃えられていることは、今日でいえばこういうことになります。本願念仏のありがたさを知っているものは、真宗という宗派に属する人だけではない。浄土三部経《さんぶきょう》が何なのか、親鸞聖人という方はどんな方なのか知らない人びとでも、念仏のありがたさ、本願のありがたさというものは、宗旨にかかわりなくわかるものだということです。

身近なところでいえば、僧侶と在家というようなことでしょうか。昔ですと、仏法のことを知っているのは坊さんで、在家の人はそれを聞かねばならない、というような形になっていたのですが、今日では変わってきて、あべこべになっているのかも知れません。僧侶は、お経のあそこにこう書いてある、どこにはどう書いてある、というようなことしか話さないのですけれども、在家の人はその教えを受けて、自分の生活の上に味わっていかれるのですから、聞くにしても在家の人の話の方が身にこたえてよろこばれる。今日ではそのような風潮が出てきております。

二通りの手紙

けれども、私にはここでもう一つ考えさせられることがあります。私ごとになりますが、生涯このようにいろいろお話をしたり、ものを書いたりしてきた私には、この晩年、ことによろこばしいことがあるのです。私の書物を読んでくださったり、話を聞いてくださった方から、始終お便りをいただくのです。それがだんだん年老いてもの淋しくなってくる私の心をうるおして、おかげで生きながらえさせていただいて、ありがたい、ありがたいという気持ちを、そういうお便りによって育てられるのです。さて、そのお手紙を読みながら感じることですが、お便りをくださる方がだいたい二通りあるようです。

一つは、私の話を聞いて、昔から聞いてきていたことが、はじめてわかったといってくださる方があります。念仏申せば浄土へ生まれるといわれても、どういうことかわからないが、先祖代々そのように伝えてきたのだから何か意味があるだろうとは思っていたが、それがお話を聞いて納得できて大変ありがたい、というようなことです。ところが、もう一つは、真宗がどんな教えなのか、仏教がどうだのということは、いっこうにご縁のなかった方で、たまたま私の書いたものを読んでくださって、なるほど人生というものはそうあるべきものであり、人間の一生はそうなくてはならないんだ、ということで共鳴し、よろこんでくださるのです。

私は、自分の役割のありがたさを感じさせていただくと同時に、私はただ灯をつける役にまわっただけで、お用《もち》いになるのは、みな読んだり聞いたりしてくださる方なのだということも、けっして忘れはいたしません。ですが、この二通りあるということを、私はどういただいたらいいのだろうかということを思うのです。

あなたの宗教は

宗門に育てられてよろこんでくださる方にも、非常に深いものがありますけれども、そうでなしに、真宗には関係のない余宗の人や、場合によると他の宗教の方たちで、人生というところで共感し、よろこんでくださることがよくあります。その中には、外国へ行って、あなたの宗教はと尋ねられて、無宗教だと返事をするような人もあります。無宗教だと返事をすると、外国人はたいてい不思議な顔をするそうです。これは日本人のわるい点だということもいわれますが、私は、そんなに日本人はつまらないと考えるのもどうかなと思います。なるほど無宗教だと平気な顔をしているのも変ですが、しかしそうかといって、必ずしも、私は真宗だとか、仏教徒だと名のらなければならないということもないのではないのでしょうか。

と申しますのは、以前にアメリカ人を前にして話しました時、「真宗とは真実の宗教ということです。だから真宗は、親鸞によって証された仏教です」と、このように申したのですが、あとで翻訳されたものをみますと、「真宗とは親鸞によって開かれた仏教の一派である」と訳されていました。このことは、いつも私の話すことなのですが、鈴木大拙《すずきだいせつ》（一八七〇～一九六六）・曽我《そが》量深《りょうじん》（一八七五～一九七二）・西谷啓治《にしたにけいじ》（一九〇〇～一九九〇）の三先生と私と四人で比叡山で話をした記録が、『親鸞の世界』として東本願寺から出ました。その本の中でもやはりしゃべっております。それに対して曽我先生が、「それは君、そんなことをいっても君の説明不足というのではなくて、聞く方が勝手に仏教の一派だと思いこんでいるのだから、親鸞によって開かれた仏教だといってその通りには聞かないよ」、といっておられるのを読んで、ほほ笑んだのですが、曽我先生のおっしゃるように、そんなものなのでしょう。

ですから、むこうの人がそういう予定観念でもって、あなたは真宗か日蓮宗かと聞かれる。それに答えるのも結構ですけれども、その答える人自身の生活に宗教があるのであれば、無宗教だと返事をされても、それはそれで結構ではないかなと思うのです。

そういう意味で、形の上における真宗というものがどうであろうと、本質的、根本的な真宗というものは、どこにでも伝わっていくものです。どこにでも伝わって、余宗の人が念仏のことを話しておられる。あるいはまた宗教を異にする人の話されることで、大変私たちの胸を打つものがあるというようなことです。親鸞聖人が余宗の祖師たちもみな念仏を讃えておられるのだと、そのお言葉を抜き出しておられるおぼしめしも、何かここに思いあわせることができるようです。

そうしますと、私の話はいつも分析的で、先ほど二通りに分けましたけれども、じつは、親鸞聖人の胸の中にあった大行の念仏というものは、そのような区別をこえて、一切衆生の、生きとし生けるものすべての道が、この法より他にないのだということを、言おうとされたのに違いありません。

念仏に主義なし

いつでしたか大信海《だいしんかい》についてお話ししました時に「信巻」に書かれてある、

おおよそ大信海を案《あん》ずれば、貴賤《きせん》・緇素《しそ》を簡《えら》ばず、男女《なんにょ》・老少を謂《い》わず、……行にあらず・善にあらず、頓《とん》にあらず・漸《ぜん》にあらず、……尋常《じんじょう》にあらず・臨終《りんじゅう》にあらず、多念《たねん》にあらず・一念《いちねん》にあらず……（聖典二三六頁）

云々とありますことを、いろいろ申しました。あとでそれを考えてみますと、これはつまり、大信心の上においては、主義主張がないということであろうと思われます。「信巻」をお話しする時には、そのように訳してみたいと思うのですが、反面、そこにまた念仏者というものが、世間からとやかくいわれる点もあるのでしょう。

実際、私などは主義主張を持っておりません。金が大切だということをよく知っていて、唯物論者のようでもあり、また逆に、貧乏暮らしの楽しさも知っております。そうしたら精神主義かというとそうでもない。少欲知足《しょうよくちそく》で、満足するということは、そこに少欲でも満たされるところの、何か豊かさを感じさせられるものがあるのだということで、やはり物を尊重しているのでしょう。こんなわけで、なぜ私たちは唯物論だの唯心論だのと、ことさら主義主張を持つ必要があるのでしょう。

社会のことを考えないで、わが身のたすかることばかり問題にするのは身勝手だというようなこともいわれますが、世間のことを心配しないで自分の救《たす》かる道が求められるはずがありません。ですから、そういう意味では、「親鸞一《いち》人《にん》がため」とおっしゃることも、けっして個人主義だということはできません。わが身一人、ということで、社会を本当に問題にしているのです。社会が問題であればこそ、自分が救われねばならないのであって、世の中がどうでもよいのなら、自分の救われる道を求める機縁もないわけです。

個人主義だ、社会主義だ、いや右翼だ、左翼だと、そのように決めつけねばならないものは、本当の宗教の世界にはないのです。念仏者は争いを好みませんから、主義とか主張というものを持たないということは、どのような主義主張の人も、念仏の心を持たなければ、その願うところは成り立たないというこ とでしょう。よろずの教えもまた念仏の心なくしては成り立たない。この意味で、よろずの教えがみんな南無阿弥陀仏に帰するということは、逆からいえば南無阿弥陀仏の心があってはじめて、よろずの道が成り立つのであるということになります。すなわち大行です。

開かれている道

大行というところには、念仏者は念仏者だけだというように組織をつくったり、固まるのでなしに、開かれたものがあって、たとえ真宗という宗派に属さなくても念仏者にかわりはない。本当に仏法にかなったものを見開いていこうというところに、大行といわれる心持ちがあるのではないでしょうか。ですから、真宗は形の上では仏教の一派になっていても、精神の上では、これより他に仏法はない、宗教はないということです。

しかし、だからといって力《りき》むのではありません。力まない証拠に、他宗の人も、念仏のありがたさを知っている。主義主張者もここまで来なければ、本当に自分のいうことは成り立たないのだということを知っておられます。新聞や雑誌をみても、念仏者と名のらない念仏者があり、本願をいわないで宗教的告白をしている人があるこのような地盤の上に、私たちは本願を信じ、念仏申させていただいているのです。これが真宗というものであって、それを知らせようとされるのが「行巻」なのでしょう。

『歎異抄《たんにしょう》』の第二章をみますと、

弥陀《みだ》の本願まことにおわしまさば、釈尊《しゃくそん》の説教、虚言《きょごん》なるべからず。仏説《ぶっせつ》まことにおわしまさば、善導《ぜんどう》の御釈《おんしゃく》、虚言《きょごん》したまうべからず。善導の御釈まことならば、法然《ほうねん》のおおせそらごとならんや。法然のおおせまことならば、親鸞がもうすむね、またもって、むなしかるべからずそうろうか。

（聖典六二七頁）

といわれております。浄土真宗の成り立ちからいえばこうなのでしょう。つまり伝統ですが、ここには何か禅宗の以心伝心《いしんでんしん》のようなものが感じられます。ところが「行巻」では、七高僧の上に、さらに各宗の祖師たちも、みんな念仏をよろこばれるのであると、そのお言葉を引いておられる。いいかえれば、これより他に道はないのだということを開いておられます。念仏は、法然上人の私ごとではない、善導大師の私ごとではない、ということを明らかにしようというおぼしめしであると思います。

ここでは、お念仏は非常に広大な意味をもっていて、お念仏によって何ごとも善意をもって受けとることができ、本当にしあわせであることができるという、そのような法として「念仏成仏これ真宗」という宗旨のあることをお話しいたしました。

第七章　念仏成仏これ真宗

仏教の旗印《はたじるし》

念仏成仏《ねんぶつじょうぶつ》これ真宗　万行諸善《まんぎょうしょぜん》これ仮門《けもん》
権実真仮《ごんじつしんけ》をわかずして　自然《じねん》の浄土《じょうど》をえぞしらぬ
聖道権仮《しょうどうごんけ》の方便《ほうべん》に　衆生《しゅじょう》ひさしくとどまりて
諸有《しょう》に流転《るてん》の身《み》とぞなる　悲願《ひがん》の一乗帰命《いちじょうきみょう》せよ
（聖典四八五頁）

これは『浄土和讃』のうち「大経和讃《だいきょうわさん》」の後の方に出てくる、感銘の深い和讃です。「念仏成仏これ真宗」という言葉は、親鸞聖人以前からあったのですが、とくに聖人とこの言葉との結びつきは、申すまでもなく法然上人の『選択本願念仏集《せんじゃくほんがんねんぶつしゅう》』（選択集《せんじゃくしゅう》）で、その冒頭に「南無阿弥陀仏、往生之業《おうじょうしごう》　念仏為本《ねんぶついほん》」といわれております。往生の業はただ念仏一つであるということで、この言葉は『教行信証』の「行巻」にも引用されてあります。この「念仏為本」というのは、浄土教の法印《ほういん》であると申してもよいでしょう。

一般に仏教では三法印《さんぼういん》ということがいわれます。「諸行無常《しょぎょうむじょう》・諸法無我《しょほうむが》・涅槃寂静《ねはんじゃくじょう》」とあって、この三つのことが説いてあれば仏教だというのです。印はハンコという字ですから、仏教であることに間違いないという証明の印を押すのだというように、昔の高僧の書物に説明したものがありましたし、私たちも幼い頃そのように教わってきました。おそらくそれでもいいのでしょう。けれども最近の研究では法印という言葉の本来の意味は旗印ということになるのだそうです。なるほどこれもよくわかります。仏法の旗印である。そして、この旗印に結びつくのは王国ということになるでしょう。国というからには必ず旗印があります。日本の旗は日の丸ですが、旗印がなければ国をあらわすのに困るわけです。ですから、お釈迦さまの仏教教団を一つの王国として考えるということがあったのかも知れません。すなわち、仏教は一つの精神王国であるということになるのでしょうか。

仏教を伝えた人たちは、お釈迦さまの説法を転法輪《てんぼうりん》といっております。国王さまには、領地の巡視ということがあって、その王さまの車が国内をめぐる時には、いかなる敵車も摧破《さいは》される。そのように、仏法の車輪を転ずれば、煩悩《ぼんのう》悪業《あくごう》が摧破《さいは》されるのである。それで仏法が説かれて弘まるのを転法輪と申しました。そうしますと、法輪を転ずる時の旗印が三法印であるということです。

このようなことを考えてみますと、仏法は一つの精神王国を願いとするものであるといってもよいと思います。

お釈迦さまの教団

さて、その精神王国というものの考え方に、仏法の歴史からみても、三通りのあり方があったと考えられます。その一つは、世間の王国はだめである。世間の王国というものは、とうてい完全にできるものではない。だから世間から離れて精神王国をつくるしかないという考え方で、これは今日の原始仏教教団といわれているものです。お釈迦さまのお考えは、だいたいこのようなあり方であったように思われます。

かつて、本当に志を同じくするものだけが集まって、一つ新しい村をつくろうじゃないかということを考えた人がありました。世の中にいて、世の中のことをいいようにしようということは無理だからです。それとお釈迦さまの考えと同じことだといえば、不都合なことをいうと思われるかも知れませんが、とにかく俗社会ではだめだということです。お釈迦さまの時代、インドでは小さな国が乱立して争っていたのですから、とてもその場でどうしようということは考えられなかったのでしょう。そういう俗を棄《す》て家を去って、純粋に精神的な世界、いわば教団をつくろうということを、お釈迦さまはお考えになった。あるいはお釈迦さまの話を聞いたお弟子の人びとが考えた、といっていいのではないかと思います。ですから、この精神王国に入ることを許された者は、戒律をまもって、心静かに道を修行することに専注すべきである、というようなことです。

しかし、お釈迦さまの教団も、なかなかお考えの通りにはいかなかったのでしょう。俗世間の方も精神王国のまねをしてくれれば結構ですけれども、かえって精神王国にありながら俗世間のことが忘れられないということも出て来たようです。

諸法無我《しょほうむが》

ともあれ、この場合、三法印についてですが、お釈迦さまのお考えでは、諸《しょ》行《ぎょう》無《む》常《じょう》・諸法無我《しょほうむが》・涅槃寂静《ねはんじゃくじょう》のうち、諸法無我ということがいちばん大事なことではなかったかと思います。諸法無我ということがお釈迦さまによって、もっとも願われたことに違いありません。諸行無常などということは、外道《げどう》でも一応知っているのです。ただ諸行無常を仏教の旗印の一つとされたのは、外道の考え方だと、無常は現象界のことであって、その本体ということになれば常住《じょうじゅう》なのだというようなことになるのです。それはその思想根底には我執《がしゅう》がありますす。ですから諸行無常を本当にはっきりさせようとすれば、諸法無我でなくてはならない。また涅槃ということもインドの人たちはみんな願ってはいたのでしょうが、ただその涅槃の状態において、ただ我があると考えました。しかしそれでは涅槃といっても寂静ではない。そこでお釈迦さまは、涅槃寂静とおっしゃった。それはうるさい世界から離れた状態ということではなくて、真に無我なる境地でなければならない。

こういうわけで、諸行無常も涅槃寂静も仏法の旗印には違いありませんけれども、三法印の中で、お釈迦さまがいちばん力説されたかったのは諸法無我であると申せましょう。お釈迦さまが修業時代に、いろいろ外道の師に会って道を聞かれた時にも、我の問題になると、お釈迦さまはどうしても納得できなかった。うるさい世の中から自分を抜けださねばならないといっても、そこで我を立てないというのではなく、我は本来ないのだと言おうとされたところに、精神王国は無我でなくては成り立たないのだということが、あったように思うのです。

大乗教の旗印

第二の考え方は、逆に王国精神とでもいいましょうか、世間の王国と精神王国と二つあるのではなくて、世間の王国を精神王国にしなければならないという考え方です。お釈迦さまのご精神からいえば、精神王国を世間から別にするのでなくて、世間で王国とされるものが、そのまま精神王国でなくてはならない、という考え方です。これは大乗精神というもので、国家社会がそのまま精神的な意味を持たなければならない。いいかえれば、俗世間と出世間《しゅっせけん》は別なものであってはならないというのが、大乗教というもので、いろいろな大乗経典を読むと、このことははっきりしております。

この大乗教の旗印は何であったかと申しますと、天台大師は「諸法実相《しょほうじっそう》」といわれます。今日の学問でいえば縁起《えんぎ》ということでしょうか。心あって身体あり、身体あって心あり。精神あって物あり。世間あって出世間あり、男あって女あり、女あって男あり……。あらゆる存在はそのもの独自にあるものではなく、すべてもちつもたれつである。そのことがよくわかってくれば、お互いに相和《あいわ》していける世界が開かれてくるのであるという、これが旗印であったに違いありません。この諸法実相ということが旗印として出てきた時には、もう無我ということはいわなくてもよくなったのだと思います。

もちつもたれつ

今日でも〝仏教は無我にてそうろう〟ということは忘れてはならないことですけれども、無我にならなければだめだというようなことは、もう大乗精神になると強調されません。お経を読んでみますと、我と無我とを離れるのを無我というのだといってあります。我とか無我だとか、ことさらにいわないのが仏法だという思想です。天親《てんじん》菩薩の『唯識論《ゆいしきろん》』などをみますと、我というものはとうてい離れがたいものである。いくら修行してみても我というものから離れられないところに、互いに助けあうという慈悲が出てくるのであるということが説かれてあります。

今日は、外国人の間でも仏教の研究がさかんのようです。ところが外国人は、無我だというと通じないそうです。西洋ではものごとを存在的に考えるのですから、我がなくては誰がはたらきをし、誰がそれを受けるのか、というようなところでひっかかるらしいのですが、そんな理屈ではなく、お釈迦さまは実践上において無我であれといわれるのです。この、無我ということは忘れてはならないことですが、大乗仏教の旗印としてもっとも大事なことは、ものごとはすべて縁より生じ縁より起こるものであることを忘れないように、ということであったといえるのでしょう。

浄土教の旗印

さて、ながい道中を要しましたが、それでは浄土教の旗印は何かといえば、「念仏為本《ねんぶついほん》」です。この旗印においては、精神王国というものを俗世間の外につくるという考えのものではない。また、俗世間がすなわち精神王国でなければならないと考えるのでもありません。精神王国というものをまったくあの世、彼岸《ひがん》の世界において、その彼岸をめざしていくところに、人生の意味があるのだとするのが、浄土教のたてまえです。浄土の教えというかぎりは、その浄土は必ず彼岸の世界でなくてはならない。そして、人間の生をつくしてそこへ往《ゆ》くのであるということでなくてはなりません。

この往生を願うというところには、人間のどうすることもできない現実の姿があります。人間というものは困ったもので、愛と憎しみの絶えないものである、平和のためだといって戦わなければならんというようなことで、動乱はてしないものである。しかもなお、私たちはそこにあって、精神王国を忘れることができない。私は以前に、絶望と断念という言葉を使って考えてみたことがあります。その時ははっきりしなかったのですが、今また、そのことを思ってみるのです。絶望の哲学ということもあって、人間の世界は絶望であると申します。しかし、いくら絶望しても、断念できないのが人生というものではないでしょうか。

たとえば、私のような老人になりますと望みは何もありません。絶望的です。どうして欲しいということも、どうなって欲しいということもありません。けれど断念はできません。絶望したのなら死んだらいいじゃないかといわれても、そう簡単にいかないところに何かがあるようです。法然上人の出られた時は、ああいう時代ですから人間世界には何も望みはないのです。何の望みもないのなら死んでしまえばいいようだけれども、そのように断念しきることのできない何かがあるのです。何の望みもないけれども、何かがある。その何かがあるというところに、本願の教えがひびいて来て、ただ念仏一つということが出てくるのではないでしょうか。浄土教というものは、このようなところにあるようです。

念仏を本と為《す》

浄土教は人生に絶望しながら、なお断念することができないところに、開かれてくる教えだといえます。人生を断念しきることのできない心に、本願が聞かれて、その仏の願いとしての浄土の世界を、私たちは願っていくのです。

この浄土の教えには、念仏為本《ねんぶついほん》、「南無阿弥陀仏」という旗印があります。ですから、無我ということをいうなら、念仏する心が無我である。無我とは何ぞや、念仏することなり。私たちは念仏によって、無我が縁起《えんぎ》の法であることを知るのです。切っても切れない因縁《いんねん》ということがわかれば、たがいに手をとり合っていくことが本当なのでしょう。ところが、愛し合うのさえ深い因縁があるのだから、憎み合うことはなおさら深い因縁であろうということも思われます。ここに縁起は業縁《ごうえん》であって、愛し合うのも憎み合うのも、そうあるべき因縁なのである。この因縁ということを思う時、出てくるものはただ念仏であって、そのように、浄土教の旗印は念仏である。南無阿弥陀仏の旗印をもって、浄土へと歩むのです。

だから、どうあっても無我とか縁起とかを忘れないようにしなければならないということもありません。無我に違いはないが、無我にならねばならないとあせらなくてもいい。念仏すれば、おのずから縁起のいわれもわかってくる、それが「往生之業《おうじょうしごう》　念仏為本《ねんぶついほん》」なのだということです。ここに、法然上人の旗印が非常にはっきりしてきているように思われます。

ですから、「往生之業　念仏為本」ということは、念仏すれば往生するということなのです。逆にいえば、念仏しなければ往生しないということです。念仏すれば、いやでも往生するのである。

お浄土へ往《ゆ》く

東京大学の宗教学の先生で、癌《がん》で亡くなられた岸本英夫《きしもとひでお》博士（一九〇三～一九六四）の『死を見つめる心』という本があるそうです。いよいよ癌で死ななければならないということで、たいへん悩まれて、いろいろ宗教を研究なさっても、死んでからどうにかなるというようなことは信じられない。死後の世界があるなどということは絶対に信じられない、というようなことが書かれているそうです。それなら、金子お前はどうだといわれれば、私にも死後のことはわかりません。ですから、死後の世界はないとおっしゃるのもわからないことはありません。私も四十歳くらいまでは、やはり浄土があるかないかということで悩んだのですから、まして、今日の人がわからないといわれる気持ちはよくわかるのです。ですが、近頃になって考えてみますと、私は思い違いをしていたのだと思うのです。

「往生《おうじょう》之業《しごう》　念仏《ねんぶつ》為本《いほん》」なのですから、念仏申せば、死んだ後はないといっている人でも、極楽へ往《ゆ》くのです。ただ念仏を申しておられる人であれば、浄土はないとたとえ思っておられても、その人は浄土へ往かれたのだと、私はいいたいのです。その人はすでに浄土の種を蒔《ま》いておられるのですから。法然上人は法爾《ほうに》の道理といわれます。火は高きにのぼり、水は下りさまに流れるように、念仏すれば浄土へ生まれるのであるといわれます。ですから、浄土があるとは思えないということは、眼をふさいでいて光があるかないかわからないというのと同じです。耳をふさいで声が聞こえないというのと同じなのです。耳をすませば声が聞こえ、眼を開けば光がみえるようになっているのであって、念仏申せばお浄土へ往くことになっているのです。

私たちは、いろんなことをくよくよと悩みますが、念仏申しさえすれば、たとえ唯物論者であろうと無神論者であろうと、浄土はないといっている人でも、浄土へ往くのです。

宗教を利用する心

それとは逆に、浄土がある、阿弥陀さまがあるということを確かめた上で、お念仏しようというのは、定散《じょうさん》二善《にぜん》の罪福《ざいふく》を信ずるもので、親鸞聖人は、それは本当の真宗ではないといっておられます。『観経』に説かれる定散二善というのは、浄土があり、阿弥陀仏がおられるということを確かめて、その上で信心しようというもので、そこには計算が入っています。ないものは信じてもつまらないということですから、これは、宗教を人間の生活に利用しようとするものです。今日のあらゆる迷信も、この心に順ずるものです。

人間の知識でもそうでしょう。知識が発達すれば利用できます。病気が治せるし、食うのに困らなくてすむということです。つまり生活に利用できるものなら宗教でも信仰でも利用しようというわけで、これが現世利益《げんぜりやく》の宗教と知識が手を結ぶ理由でしょう。考えてみるとおかしな話で、知識が進歩すれば、迷信などなくなるはずなのに、いよいよふえるというようなことになっているようです。

宗教は、けっして利用されるべきものではありません。生の依るところ死の帰するところとして、人間の生活のよりどころとなるものなのです。ですから、お浄土があるとかないとか、阿弥陀仏がどうのということよりも、お念仏がまず第一なのではないでしょうか。そしてそのお念仏の上に本願のこころを知らせていただくのです。しかれば念仏こそは絶望しても断念することのできない人生の根本感情を表現するものといわねばなりません。そのようにして一生を送る人の行きつく先を、涅槃界《ねはんがい》ともいい、浄土ともいうのです。

浄土を知識の上で、ないと否定されてもいい。けれども、ないからといって、念仏なしで、本願を信じないでいられるような人生ではないはずなのです。いつも申しますが、人生を語る意味において、念仏を申して本願を信ずるという、そこに真宗があるのです。

自然《じねん》の浄土

「念仏成仏《ねんぶつじょうぶつ》これ真宗《しんしゅう》　万行諸善《まんぎょうしょぜん》これ仮門《けもん》」といいます。打算的、功利的なものは万行諸善であって、仮門だといわれます。人間はどこまでも生の欲求からはなれられないものですから、『観経』には、こうすればお浄土が観《み》られる、無量寿仏を観ることができる、というように説いてあります。けれどもそれはみな、人間を本当に生かしていく道に目覚めさせるための仮門なのです。「権実真仮《ごんじつしんけ》をわかずして　自然《じねん》の浄土をえぞしらぬ」と和讃にもあるように、浄土は自然の浄土なのです。人間の知識や努力でつくり出した浄土ではありません。おのずからなるのです。したがって、死んだ後はないんだといくら力んでみても、わが力ではなくならないで、念仏申すものの往くところ、自然に浄土に生まれるのです。これが「往生之業　念仏為本」というお言葉のこころであるに違いありません。

仏の方から決める

この法然上人の念仏為本が、真宗では「信心為本《しんじんいほん》」なのだということで、法然上人と親鸞聖人はお考えが違うようにもいわれております。これは困ったことです。なるほど蓮如上人の「聖人一流《しょうにんいちりゅう》」の『御文』などをみますと「聖人一流の後勧化《ごかんけ》のおもむきは、信心をもって本《ほん》とせられ候う」といわれております。親鸞聖人の書かれたものには、信心正因《しょういん》という言葉はありますが、信心為本という言葉はみえません。こんなことは理屈っぽくなりますから、話さずともよいのですが、念仏為本と信心為本をあまり分けへだてされても困りますから、少し申してみたいのです。

法然上人は、念仏為本であると信じておられたのです。本願を信じなければ念仏為本は出てきません。だから、念仏為本には信心がないように思うのは間違いで、念仏為本にならしめられることが、本願を信ずればこそのことなのです。

先の『御文』をみますと、

聖人一流の御勧化《ごかんけ》のおもむきは、信心をもって本《ほん》とせられ候う。そのゆえは、もろもろの雑行《ぞうぎょう》をなげすてて、一心に弥陀《みだ》に帰命《きみょう》すれば、不可思議の願力《がんりき》として、仏《ぶつ》のかたより往生は治定《じじょう》せしめたまう。（聖典八三七頁）

とあります。一心に帰命すればという、帰命とは念仏の心です。ですから、信心為本をいわれるのに、ちゃんと念仏為本が出ているのです。「雑行をすてて」といわれるのは、浄土があるとわかってから信心しようというのが、雑行なのでしょう。念仏をしているけれども、これだけではどうも安心できないからといって、知識的な思索をしてみたり、あるいは何か他の行をとり入れて念仏の助けにしようとする。そういう心をすてて、一心に阿弥陀仏に帰命するのが、すなわち南無阿弥陀仏である。そうすれば、不思議の願力として、往生は仏の方から治定してくださるのである。こちらが決めるのではありません。こちらはどうなるかわからないけれども、仏の方で決めてくださるのです。

そのくらいを「一念発起《いちねんほっき》入正定之聚《にゅうしょうじょうしじゅ》」（論註意）とも釈し、そのうえの称名《しょうみょう》念仏は、如来わが往生をさだめたまいし、御恩報尽《ごおんほうじん》の念仏と、こころうべきなり。（同前）

そういわれるとまた、信心の他に報恩の念仏があるように思いがちですが、そうではないのでしょう。本願のかたじけなさをおもう心が、おのずと南無阿弥陀仏のありがたさを感じていくのです。

迷信の心

このように、蓮如上人の『御文』をいただいてみても、信心為本ということが念仏為本なのです。信心と念仏とどちらをとりあげるかということの問題ですが、あまり信心を強調すると、自分には信心がある、あの人には信心がないというように、変なことにもなります。そのようなものをなげすてるのが、ただ南無阿弥陀仏です。といって、たくさん念仏すれば浄土へ往生できる、というように思うのは、罪福心であり利用の心です。やはり尊い教えを人間の生活に利用するものです。

新興宗教ばかりが迷信ではありません。何を聞いても、それをもって利用しようとし、自分の何かに役立てようと考えるのは、すべて仏の心を知らないものといわなければなりません。真宗はそういうものではない。そのような心を離れられない我われに、生の依りどころを与え、死の帰するところを与えていくのが南無阿弥陀仏なのです。したがって「四海《しかい》のうちみな兄弟」といわれるお念仏の心には、敵もなければ、愛し憎むという差別もない。すべてはみな、一如《いちにょ》の世界、仏の世界に往生させていただく道理としてあるのです。その道理を念仏の心でいただくところに「念仏成仏これ真宗」と説かれた意味があるのです。

第八章 『教行信証』「信巻《しんのまき》」のこころ

それ以《おもん》みれば、信楽《しんぎょう》を獲得《ぎゃくとく》することは、如来選択《にょらいせんじゃく》の願心《がんしん》より発起《ほっき》す、真《しん》心《しん》を開闡《かいせん》することは、大聖《だいしょう》矜哀《こうあい》の善巧《ぜんぎょう》より顕彰《けんしょう》せり。しかるに末代《まつだい》の道俗《どうぞく》・近世《ごんせ》の宗師《しゅうし》、自性唯心《じしょうゆいしん》に沈《しず》みて浄土の真証《しんしょう》を貶《へん》す、定散《じょうさん》の自心《じしん》に迷《まど》いて金剛《こんごう》の真信《しんしん》に昏《くら》し。ここに愚禿釈《ぐとくしゃく》の親鸞《しんらん》、諸仏如《しょぶつにょ》来《らい》の真説《しんせつ》に信順《しんじゅん》して、論家《ろんげ》・釈家《しゃっけ》の宗義《しゅうぎ》を披閲《ひえつ》す。広く三経《さんぎょう》の光沢《こうたく》を蒙《かぶ》りて、特《こと》に一心の華文《かもん》を開く。しばらく疑問を至《いた》してついに明証《みょうしょう》を出《い》だす。誠に仏恩《ぶっとん》の深重《じんじゅう》なるを念じて、人倫《じんりん》の哢言《ろうげん》を恥じず。浄邦《じょうほう》を欣《ねが》う徒衆《としゅう》、穢《え》域《いき》を厭《いと》う庶類《しょるい》、取捨を加《くわ》うといえども、毀謗《きほう》を生ずることなかれ、と。

（『教行信証』「別序」・聖典二一〇頁）

親鸞聖人のお心

前章までは、『教行信証』の「行巻」を念頭におきまして、「念仏成仏これ真宗」とありますお心を申してきましたが、本章からは「信巻」にうつりまして、信心ということを中心に述べてみたいと思います。

先にも述べたように、法然上人の教えは念仏為本であり、親鸞聖人の教えは信心為本であるといわれております。これは法然上人が「往生之業・念仏為本」と説いておいでになる。しかし親鸞聖人は信心為本という言葉をお使いになっておられないようです。けれども蓮如上人は「聖人一流の御勧化《ごかんけ》のおもむきは、信心をもって本とせられ候う」と仰せられてありますので、親鸞聖人の御一流は信心為本ということになってきたのです。親鸞聖人には「涅槃《ねはん》の真因《しんいん》はただ信心」（「信巻」）であるというお言葉もありますから、真宗は信心為本であるに違いありません。

しかしこうして念仏為本・信心為本という二つの言葉がありますと、法然上人と親鸞聖人のみ教えに違いがあるかのように感じられます。また法然上人の書物を読み、親鸞聖人のお書きになったものを見ますと、いろいろ表現の違いもありますから、二通りに伝えられていることも無理のないことです。しかしそれが親鸞聖人のお心であるかということは、一つ考えてみなければならないことだと思います。「師匠《ししょう》は念仏為本といわれたが、私は信心為本だ」と、こんなお心があったとは考えられません。信心正因ということは、念仏為本というそのお心をはっきりと自分の身につけたいというところから出てきたものであるに違いないのです。

教えをいただく

親鸞聖人のご一生は、教えを説くということでなくて、ご領解《りょうげ》を述べるという形であったように思われるのです。「説く」と「語る」ということの違いですね。説くも語るも同じようなことではありますが、説くということになりますと、教えを自分が人に説き聞かせることになります。それが語るということになりますと、「私はこういうふうにいただいている」と、話しかけるということになるのです。

『教行信証』を拝読しますと、説いて教えておられるところがなく、「私がこういうふうにいただいている」ということを語っておられる。ですから、このような意味において、全体が聖人のご領解なのです。『大経』を拝読して、そして領解を述べ、ないし法然上人の教えを聞いて領解を述べられる。そこへ私たちが念をおかないと、何か非常に難しいことのようになってくるのです。「弥陀の本願には老少善悪の人を選ばれず」（『歎異抄』）でして、年寄りであろうが、少年であろうが、善人であれ悪人であれ、えらぶところがない、一切衆《いっさいしゅ》生《じょう》みな浄土にあらしめたいということが本願です。

そういうことを説いてある『大経』には、三毒段《さんどくだん》、五悪段《ごあくだん》というものがありまして、できるだけ悪をはなれて善につくようにと勧めてあります。それは仏の教えであるから、また仏の願であるに違いないのでしょう。ですから経の教えとしては悪人正機《あくにんしょうき》ということはない。だから悪人正機というのはいただく気持ちなのです。親の心にすればよい子も悪い子もない、男も女もない、長男も末っ子もない、かわいいのは同じだという。その親の心を受け取る方が、自分は役に立たないが、子であると親心をいただくことになるのです。

教えの方は一切衆生みな平等に救うという広大なお心を聞いて、いただく方の気持ちは、それでは私のような罪の深いものを、ということです。だから悪人正機ということを教義として説明することになりますと、かえって難しくなります。私はそういう説明をしたくありません。何も講釈はいらないわけで、ご本願は一切衆生をみんな救うとある。この大悲のご本願に気づかせてもらうと、ああ私のような罪の深いものを、ことにあわれみくださるのであろうかという領解が出てくる。それで信心為本というのは念仏為本の領解です。念仏為本に対する信心為本ではなく、「往生之業　念仏為本」と、ただ念仏だけで救われるものであるという法然上人の教えをお聞きになりまして、それはありがたいことであるといただいたのが信心なのです。

そういう点から申しますと、親鸞聖人が信心ということを強く仰せになりましたのは、何とかして法然上人の念仏為本という、きわめて単純なお心を明らかにされたいからであったのです。

単純なるもの

この単純ということにつきましてはしばしば申し上げたことですが、「誠実は、単純よりも低い美徳である」といった人がありますが、信心とはその単純なものなのです。人はその単純さになれない。お釈迦さまの教えも単純であったに違いないのです。お釈迦さまのご在世の頃は、その単純な教えに感化されて、みんなよろこんだのでしょう。けれどお釈迦さまが亡くなられて年月がたちますと、もうそれがわからなくなったから、難しい学問が出てきたのです。それが教義の成り立ちで、法義として組み立てられることになったのでしょう。大乗仏教でもその通りで、龍樹菩薩が大乗仏教をお説きになった時にはきわめて単純であったのでしょうが、それをはっきりさせるため、いいかえれば知識化ですね、教義を組織化されたものが中国における華厳宗や天台宗といった諸宗になったのです。

そういうことで、法然上人のお気持ちも極めて単純であったのでしょう。ただ念仏申せば浄土に生まれる、それは法爾《ほうに》の道理である。法爾の道理というのはそうなっているということです。それは「炎は高きにのぼり、水は下りさまに流れ、梨は甘いし、みかんはすっぱい」というふうに、そうなっているということです。お念仏申せば浄土へ往くことになっている。何の理屈もない、極めて単純なのです。けれどもそれがわからない。いろいろと説明するお弟子たちもありました。

それと同じように親鸞聖人の『教行信証』も、法然上人の教義を組織化されたかのように考えられてきているのです。それは無理もないことで、『教行信証』を拝読しますと「信巻」が長い。そしてその「信巻」の裏付けとなるべきものが「化身土巻」です。その「信巻」と「化身土巻」が、法然上人の教えを身につけたいというところからあらわされたものですから両巻ともに長い。そしてそこから真宗学というものも出てきたのであると考えられます。

念仏する心

けれども、この「信巻」も「化身土巻」も、ただ念仏だけという単純さをどういただいたらいいのだろうか、どうすれば上人と同じように念仏だけという気持ちになれるものであろうかという、その領解を語られたものに他なりません。それは上人の領解だけでは、不足であるから、その基礎を作ろうということではなかったということを、まず『教行信証』をいただく上において領解していかねばなりません。

だから「信巻」（別序）には、その心をあらわして「それ以《おもん》みれば、信楽《しんぎょう》を獲得《ぎゃくとく》することは、如来選択《にょらいせんじゃく》の願心《がんしん》より発起《ほっき》す、真心《しんしん》を開闡《かいせん》することは、大聖《だいしょう》矜哀《こうあい》の善巧《ぜんぎょう》より顕彰《けんしょう》せり」とあります。「選択本願《せんじゃくほんがん》は浄土真宗なり」（『末燈鈔』・聖典六〇一頁）という言葉もあります。「念仏成仏これ真宗」と、念仏がすなわち仏になる法であるということに対して、「選択本願は浄土真宗なり」とある、そして信心とはその選択本願をいただくものです。

それで「行巻」には「選択本願の行信なり」（聖典二〇三頁）とありますが、それは念仏する心が信心であるということです。念仏一つを選んで我が名を称《とな》えよというのが仏のご本願ですから、選択本願は真宗であるということも、念仏成仏これ真宗ということも同じことなのです。

弥陀と釈迦の順序

そこでこの如来の本願を聞かせていただくということは、「大聖矜哀の善巧より顕彰せり」とあります。この大聖、つまりお釈迦さまと阿弥陀如来のお二方が『教行信証』には、しばしば出てくるのです。「教巻」にもはじめに「弥《み》陀《だ》、誓《ちか》いを超発《ちょうほつ》して、広く法蔵《ほうぞう》を開き」（聖典一五二頁）と、弥陀の本願があって、その弥陀の本願を広めるために、「釈迦、世に出興《しゅっこう》して」云々とお釈迦さまのご出世ということをいってあります。お釈迦さまのみ教えがあって、はじめて弥陀の本願がわかってきたのである。とすれば弥陀と釈迦とどちらが先か、そういうところにもいただいてみるといろいろな味わいがあります。

「信巻」では弥陀、釈迦の順序ですが、しかし「大聖矜哀の善巧より顕彰せり」といって、お釈迦さまのご親切があらわれております。このご親切が「化身土巻」へまいりますと、そこにおのずから感じられてくるのである。それで「広く三経《さんぎょう》の光沢《こうたく》を蒙《かぶ》りて、特《こと》に一心の華文《かもん》を開く」と、三部経が出てきているのですが、その三部経を拝見しますと、『大経』は弥陀の本願が説かれ、『観経』はお釈迦さまのご親切が説かれてあるのです。

宗教とレリージョン

先般、英国の学者と大谷大学で真宗について語り合ったことですが、おたがいに問題を出しました。私の出した問題は「近ごろ、宗教というものと、レリージョン（religion）というものは違うといわれております。宗教とは宗《むね》とする教えであり、教えを宗とすることであるから、そこに人間として、依って立たなければならないというものの道理というところから出発する、そこに仏教というものがある。一方、レリージョンというのは、神さまと名づける存在と人間と名づける存在があって、この二つの存在を結びつける、それが信仰というものであり、そこに崇拝というものがある。ということであって、これはキリスト教など他の教えには適当ではあるけれども、仏教には適当でないということであるが、どうだろうか」ということでした。

そこでいろいろと話がでたのですが、ともあれ、神仏というものが向こうにあって、こちらに人間がいる。その神仏と人間を結びつけるものが宗教であるということが今日の常識になっているといっていいのでしょう。けれども仏教は本来そういうものではないに違いない。といっても真宗では阿弥陀仏というお方が向こうにあり、その阿弥陀仏におすがりして浄土へ往くのであると考えるならば、やはりレリージョンではないであろうか。このように仏教がレリージョンになるとすれば、レリージョンは人間の要求であるかもしれない。だから仏教は本来そういうようなものではなかったかもしれないが、いつの間にかレリージョンの形になってくる。そこで「化身土巻」は何とかそういう形をはなれたいというお心から出てきたものなのです。

阿弥陀さまがおられ、お浄土があり、その阿弥陀仏を信じ、お浄土へまいらせていただく。素直に単純にその心になればよいのですが、そこに何かおさまりがつかないものがある。それは一体どういうものであろうか。そこに仏教の人生的自覚というものと、外教《げきょう》のレリージョンとの違いがあるのです。そのことをお釈迦さまはよくご承知だったのです。

レリージョンは凡夫《ぼんぶ》の要求であり、仏教は人間生活の自覚である。そこでその凡夫の要求に応じながら、真実に人間生活の自覚へと導こうとされたのが『観経』です。そういう親切さが『観経』にあるわけです。『大経』はそういう慈悲方便《じひほうべん》なしに、真正面から弥陀の本願をお説きになっている。ですから阿弥陀仏と我われを結びつけて、そして南無阿弥陀仏を称えるのではない。

南無阿弥陀仏は如来の本願の名号《みょうごう》です。名号とは名告《なの》りです。南無阿弥陀仏は仏の御名告《おんなの》りです。ご本願の表現です。だから本願のおこころといっても、私たちはその御名告りの南無阿弥陀仏の上に聞かせていただく他ないのです。その名号を聞かせていただくところに念仏があり、その本願を知らせていただくところに信心があるのです。だから念仏というも信心というも、阿弥陀仏と衆生とを結びつけるものではなく、南無阿弥陀仏のあるところに、私というものが見出され、仏の存在も感じられてくるのです。

念仏す、故に我あり

外国では、私の邪推《じゃすい》ではなく、とにかく神の存在と自分の存在がつねに難しい問題になっております。神さまがあるという証拠を出せという学問もありますし、自分の存在を確かめる実存主義という学問もあるようです。フランスのデカルトは「我思う、故に我あり」というところから出発している。それをフランスのある宗教家は「我悩む、かるが故に我あり」と伝えている。なかなかおもしろいことをいったものです。我悩むということは、機械なんかにできることではない。悩む、そこに人間あり。ごもっともです。しかしそれを掘り下げて、そこから何かを見出していこうとしているのでしょう。

しかし法然上人の教えを受け、親鸞聖人のご教化にあずかっている私たちには、きわめて簡単です。「我念仏す、故に我あり」です。我、南無阿弥陀仏を称える、そこに我がある。それが名号《みょうごう》為《い》体《たい》ということです。体とは本体です。だから「念仏するが故に我あり」「念仏するが故に仏あり」と。仏の実在はどこで証明されるかというと、仏は御《おん》自ら我ここにありと証明される。その我ここにありという声が南無阿弥陀仏である。私がここにあらしめられるという喜び、それを与えるものが南無阿弥陀仏である。だから南無阿弥陀仏をはなれて、阿弥陀仏自身もないのです。

しかしそう心において阿弥陀さまを拝み、お浄土を思わせていただく、それはまた自然の感情というものでしょう。その阿弥陀仏というのは象徴的なものなのです。またその浄土も象徴的なものであって、例えば私たちがお内仏で拝む仏さま、あのお姿を拝みながら、見える仏を拝みながら、見えない仏へひきつけようとなさる、これが化身《けしん》ということです。それを説かれたのが『観経』なのです。『観経』はお釈迦さまと韋提希夫人《いだいけぶにん》が領解しておられることです。領解のお経なのです。だから『観経』ではじめて悪人正機《あくにんしょうき》をお示しくださっている。お釈迦さまが韋提希夫人に語っておられるというような感じもします。

このように「三経の光沢を蒙」って、そして「一心の華文を開」き、天親菩薩が「我一心《がいっしん》」とおっしゃったその一心の上に、信心のお心を明らかにしていきたいというのが「信巻」をあらわされた聖人のお心なのです。

ただ　み教えをいただく

これまで聖人が「信巻」をご執筆されたお心について述べましたが、とにかく聖人のお気持ちとしましては、ただ法然上人の教えが身についてさえくれば、そうそれで十分だということで、真宗の信心ということがいわれているわけです。

そういう意味で非常に単純だということです。しかし同じく法然上人の教えを聞きながら、それを受けとる人によっては、「自性唯心《じしょうゆいしん》に沈みて浄土の真《しん》証《しょう》を貶《へん》す、定散《じょうさん》の自心《じしん》に迷《まど》いて金剛《こんごう》の真信《しんしん》に昏《くら》」いものがある、といっておられます。法然上人の教えを聞いた人びとの中から、二つの傾向があらわれた。一つは自性唯心に沈んで浄土の真証を貶するもの、一つは定散の自心に迷うて金剛の真信に昏いものです。このように事を分けてのお説が見られますので、親鸞聖人は学者であるという人もあります。しかし聖人自身はけっして自分は賢いと思われたことはないので、愚鈍《ぐどん》の身であるということを深く感じておられたのでしょう。ですからこういうお言葉をいただく上におきましても、聖人のお心はいつも自分は愚かものである、鈍《にぶ》いものであるという上から述べておられるということを忘れてはなりません。

今、法然上人の教えといいましたが、親鸞聖人のお説きになることでも、それを伝える人の中に先ほど申しました二つの傾向があるわけです。

まず「自性唯心に沈んで浄土の真証を貶《へん》す」ということです。これは、仏教は自覚の法であり、自覚とは自分は本来仏であるとさとることであるという事です。だから仏とは本来の自分であって、別に他に存在するものではないというのです。仏はいわば我の我でしょう。自分のもう一つ奥深くあるところの自分です。そこへ見開いてくれば娑婆即寂光土《しゃばそくじゃっこうど》ともなってくるのです。したがって、別に遠いところへ浄土を求める必要がないのではないかという意見が、知識人、文化人といわれる人たちにありがちな考え方のようです。浄土の教えは来世のさとりであるということがどうしても気に入らない。結局、念仏申す身になれば、阿弥陀仏が本当の自分であるということがわかる。したがって念仏を称えれば、この世は浄土であるということになるのだといおうとするのです。

これは称名念仏を方法として、ついには能念《のうねん》もなく所念《しょねん》もないということになるという思想です。それもわからないことではありません。だけど何かそこへいくと、少しはずれた、はなされたという感じがします。どこか理屈になってきたようです。実際にわずらい悩みをもっている我われ人間にとっては、そのような観念は何の役にも立たないものです。私たちの念仏は「如来選択の願心《にょらいせんじゃくのがんしん》」による称名であり、その念仏における如来の真実を彰《あらわ》された「大聖矜哀の善巧《だいしょうこうあいのぜんぎょう》」の、み教えをいただく他ないものです。

さらにもう一つの傾向として、「定散《じょうさん》の自心《じしん》に迷《まど》いて金剛の真信に昏《くら》し」といわれてあります。この定散二心というのは、『観経』に定散二善を説いてあります。その「定」というのは〝こういうふうに阿弥陀仏を観《み》るのである。こういうふうにお浄土を観るのである〟ということで、つまり「観」ですね。これを広く申しますと学問です。世界観とか人生観とかいうようなことです。また、「散」はこういうふうにしてこうなってきたと、自分の心の上にあらわれてくるところの何かをたのみ、行いの上に出てくるところのよさをたよりにしていこうというのです。何かこういうふうなところにこだわっているところに、我われの方に反省しなければならない点があります。

光景と効験

私はかつて中国の哲学者、王陽明《おうようめい》（一四七二～一五二八）の書物を読んだことがありますが、その思想は「良知を致す」ということでした。その書物の中にお弟子たちが自分の会得《えとく》したところを述べているところがある。その弟子の会得に対して王陽明は、「汝《なんじ》の説くところ、これ光景《こうけい》なり」というのと「汝の説くところはこれ効験《こうけん》なり」といっております。そしてそのいずれも真実の良知ではないと批判しております。これを読んだ時には、なるほどどんな道でも同じことかなあと感じました。

教えを聞いている人には光景を説くものがある。〝こうなりました、ああなりました〟という心境です。この世が浄土であるというのは、自性唯心《じしょうゆいしん》になって、念仏の光景を語るものでしょう。「信心よろこぶその人を　如来と等しとときたまう」（『浄土和讃』）といっても、信心よろこぶ人が仏になったのではなく、心は浄土にといっても、念仏者はこの世にいるのです。そのようにさとりの光景に執《とら》えられることは現実の人生を忘れたものです。現実の人生に悩む心においてのみ、如来の本願が感じられるのであるから、我は仏というようなさとり方は、如来選択の願心を忘れているものといわねばなりません。

これに対して定散の自心に迷うものは、効験に執えられているものです。あるいは定は光景に、散は効験に執えられているものといってもよいのでしょう。いずれも本願を信じて、ただ念仏ということにはなっていないものです。

理づめの信仰

先日ある人から手紙がきまして、それには自分の考えを述べ、〝私はこういうふうに思っていますがどうでしょうか〟と書いてありました。そして、この「私がこう思っている」ことが「こう信じている」ということになったらよいでしょうかと、つけ加えてあります。この人は、いかにも思っているということが気になるらしいのですね。だから「思っている」を、「信ずる」に変えたらいいのでしょうが、ということも出てきたのでしょう。

それからもう一つ、その人の手紙には道具だてが多いことでした。まず因果の道理から説きはじめ、霊魂は不滅にも及んでおります。それがその手紙を読む私にいたしますと、いかにも理づめにされるという感がするのです。信心を得たいという一念が、あそこからも基礎工事、こちらからも基礎工事という具合に、一つひとつ順序だててつみ上げていこうとする。しかし結局は思い固めたものになり、信心とは遠く離れたものになるようです。それは自分に承知させようとしていて、かえって深いところで疑っているのではありませんか。信心とはそんなものではありません。本当に単純なものです。

お聞かせにあずかり、そうでございましたかと単純にうなずける。そういうものが信心だということを、いいあらわしたいという願いが、「信巻」のおこころのように感じられます。

罪福心の根強さ

本願には「至心《ししん》・信楽《しんぎょう》・欲生《よくしょう》」の三心《さんしん》があります。その信楽については「法爾《ほうに》として真実の信楽なし」（聖典二二八頁）といわれ、無始以来我われには信心がないのだといわれております。宗教においては信心一つが生命ですから、その信心がまことでなくてはならないのでしょう。しかしその信心がないのが凡夫《ぼんぶ》であるといいきってあるところが、非常に感じさせられます。

我われは信心があるといっていますが、その信心は罪福心といわれるものです。罪福心というのは、罪をつくれば禍《わざわ》いをまねき、幸せになりたいと思えば善いことをせねばならないということです。それは外教《げきょう》の神と人間の関係でしょう。だから罪福心は本来仏教的でないともいえます。善いことをすれば神さまが護《まも》ってくださるし、悪いことをすれば罰《ばち》があたる、これが罪福心です。つまり因と果は別なのです。

仏教の、善因善果・悪因悪果ということは、善いことをするのも自分であるし、そのむくいを受けるのも自分であると説かれています。ですから世間でいう因果とはだいぶ違ってきます。世間でいう因果の理法は善いことをするのは自分自身であるが、幸せは外からくる。つまり善因善果で、善いことをすれば幸せになるということは、正直な生活をすれば福がくるということ。だから、〝しかし善いことをしないでも利益を得ている人はあるが〟という問題も出てくるのでしょう。これが罪福心です。それはけっして仏教の因果の道理にはかなっていません。それを因果の道理だと考えてしまうのは、人間の根性には罪福心が根深く存在しているからです。

科学知識も罪福心

今日、知識ということをやかましくいいますが、これも罪福心です。この前読みました科学の書物に〝科学は奴隷なり〟と書いてありましたが、なるほどと感心させられたことでした。封建時代ですと、人間が奴隷を使用していたわけですが、ところが今日では奴隷のかわりに科学が生活を便利にしてくれます。日常生活でもどんどん便利なものが発明され、科学は大変な進歩をしてきます。となると科学的知識が奴隷のかわりになってきたのです。

ですから、科学知識も罪福心ということになります。病気をすれば薬をのむ、これも科学をたよるわけです。要するに生活のたすけになればよい、人間が生きていく上においてためになればいいんだ。となれば宗教も信じたらためになる、幸福になるという意味において、人間生活にとってためになれば信ずるし、ためにならなければ信じないということで、宗教を要求するとすれば、結局、罪福心をはなれることができません。

そうではなく、人間生活の意義を明らかにし、そして人間に生まれたよろこびを見出すところに、真実の宗教があります。ところが、浄土を願う人の上にも罪福心があり、お念仏を称えたらお浄土へ往《ゆ》けますか、と念をおさなければならないことになる。そうではありません。本願を信じ念仏申せば、たとえ死んだあとは何もないと思っていても、必ずお浄土へ往くのです。それほど単純なことなのです。

だから死んだあと、あるとかないとかいわないで、あっても念仏申すべし、なくても念仏申すべしです。念仏は闇をやぶって願いを満たすものです。死んだあとあるという心の中にも闇があり、ないという心にも闇があります。あらゆる心の闇をやぶって、そこに光をあたえるのがお念仏です。このお念仏のいわれを明らかにするものが信心です。ですから信心のいわれがわかってきたならば、ただ念仏へ立ちかえり、念仏ということで腹がふくれる。そこに信心為《しんじんい》本《ほん》の道理があります。

自力をはなれる

「化身土巻」を拝見しましても、よき人の教えがあり、その教えを聞かせていただいてうなずいていく、それが本願のまことであり、その他には信はないのです。だから信心は念仏申す心を明らかにさせていただくのです。それでないと、念仏にまで罪福心がともないます。それが自力《じりき》の念仏ということでしょう。念仏に自力の念仏・他力の念仏とあるはずはないのですが、それでも念仏申しながらも自力の心をはなれられないということがあります。

しかし念仏を信ずる心は、その自力の心をはなれられないのだと悲しましめて、おのずから自力の心をはなれしめるのです。このように人間はどこまでいっても定散《じょうさん》自力の心をはなれられないと知らせてくださるのが念仏です。お念仏のありがたさは、自力をはなれられないことをも知らせてくださるところにあるのです。そこに本願のまことがあります。このように信心というのはきわめて単純なものなのです。

しかし、それが容易にうなずけません。つまり宗教といえば信心だといって、あれだこれだという考えが逆に信心にとっては邪魔になるのです。自分の心で思い計っているものすべてを断念して、よき人のおおせを聞いて本願のまこと一つにうなずいていく、そううなずくより他にないという、それを私の身につけさせてくださるのが念仏です。ただ念仏ということが本当に身につくように領解されたのが「信巻」でもあるわけです。法然上人の教えられる単純な、念仏一つでよいというただそれだけで腹がふくれるというおぼしめしが、信心為本という教えなのです。

最終章　「真宗」とは――仏教の真宗と教団の真宗――

名号を体とす

先般、ラジオの放送で話した時に、真宗の宗体《しゅうたい》ということについて一つ気づいたことがあります。本願を宗《むね》とし、名号を体《たい》とすという真宗の教えですね。このことについては、これまでいろいろお話をしたのですが、その宗ということ、すなわち本願為宗《ほんがんいしゅう》ということは、よくわかるのです。しかしお念仏が体であるということを、もっと身近にいただけないものだろうかと思っていたのです。それは体という言葉を珍しいように思っていたからでした。ところが無理無体という言葉があります。そうしますと、本願はいわれがあり、道理である。そして名号は体であるから、真宗の教えはけっして無理無体の教えではないということでしょう。これは何でもないことですけれども、気づいた時には大変うれしかったことです。

それで放送の時には夫婦を例として出しました。夫婦となるいわれは相互の愛である。愛が夫婦になるいわれであるといっていいのでしょう。そして夫婦の体というのは夫婦相和《あいわ》してという言葉もありますから、和が体です。もしそこに和がなく、互いにいいたいことをいって争い、したいことをして協同することがないならば、そこには夫婦の体がない。したがって男と女が一緒になったというだけでは無理無体です。

こう考えますと、むこうに神さまがあって、こちらに人間がいる。その神さまと人間との結びつきが宗教であるというようなことになりますと、これは無理無体の信仰になります。だから神さまの存在を確かめて、そしてこちらには自分が実存する。そして神さまは助けたい、人間は助かりたいのだから、その出会いが信仰だというのでは体をもたないのではないでしょうか。その助けたいと助かりたいの中味が一つかどうかはわからないからです。

真宗の教えも、その無理無体の信仰のようにいわれますが、そうではない。南無阿弥陀仏という体があって、その体の上に仏が見出され、そこに自分というものが感じられる。だからお念仏が体であるということは、仏と衆生を結ぶものが念仏だということではなく、念仏という体の上に、仏と自分との像を見出すということですね。

本願は無我の大悲

それから本願のいわれということについて、放送の時には以前、ドイツの宗教学者の書物を読んだ時に「神々も人とともに進化する」という言葉があったことを思い出して話しました。人間が進化する、原始人が文化人になる、原始人が知識人になるということは、人間の進化です。そのように人間が進化すれば、同時に神もともに進化される。なるほど旧約聖書の神は恐ろしい神であったのですが、新約聖書に出てくる神さまは愛であるから進化している。このように人間と一緒に神さまの方も進化するという説です。それをいいかえると、自分というものが二つあって、そのうち深い自分というものを外へ出したのが神であるという考え方です。そこから神というのは要するに人間の我である、その我というものを外へ出したものが神であるということもいわれています。

仏教の経典でも、それと似たようなことがいわれます。「仏とは真の我である」とか「如来とは大我《たいが》である」ということがいわれています。しかし私にはそういう話し方がしっくりしないのです。親鸞聖人もそういう表現はおっしゃっていません。それを強《し》いていいますと、真実のうちにあるものは、それは無我であるというべきでしょう。真実の無我なるものを仏として、我われは感ずることになったのです。そこで無我の願いにこそ、我われの救われるいわれがあるのでしょう。

先般も大谷大学でイギリスの宗教学者と語り合ったその時の話に、真宗には「誓願《せいがん》」という言葉があるが、むこうにも神の「約束」という言葉があるそうです。しかし神の約束は、善いことをすれば必ず幸せにしてやるぞという約束ですね。それはごもっとものようであるけれども落ち着けない。真宗の約束は衆生往生せずば、我も仏にならないという誓いです。我われを救わなければ仏は仏とならない。御身《おんみ》とともになのです。それが慈悲のおいわれである。本願のいわれということは無我の大悲なればこそ、そういうことがいわれる。

いわれということは、そういわれたということで、『大無量寿経』に本願として述べてあるのは、誰かが仏のお心はこういうものであると考えて書いたものでなくて、仏がそういわれたのである。いわれたというところにいわれがある。そのいわれあって、名号の体が成就し、その名号において本願が満足せられる。だから無理無体ではない。無理無体というならば、そのいわれなくして仏と凡夫《ぼんぶ》を結びつけようとするものである。真宗の教えほど道理が明らかで、またこれほど体をなしている教えはないのです。

心から〝おかげさま〟と

そこで無理無体という言葉ですが、私はこのような言葉を見出すと、とてもうれしいのです。ですから先日もテレビで仏教の言葉、ことに真宗の言葉などはもう少し誰にでもわかるような言葉で話せないのでしょうか、という対談がありました。私はそれを聞きながら感じましたことですが、それは聞く人よりも話す人が大事なことで、話す人さえ理解していれば聞く人は必ずわかるのです。こう話せばわかるだろうと聞く方の人ばかり気にかけますが、聞く人が理解できないということは、実は話している本人も本当にわかっていないということです。ですから結局わかりやすいということは、話す人間にわかりやすくあれば、別にめんどうなことにはならないのです。おのずから聞く人にもわかることだと思います。

以前、ハワイの大巴賢充《おおともけんじゅう》という人が『阿弥陀経』を話し言葉にした本を書かれました。そして私に序文を書けといわれるので書いたのですが、私たちが使っている言葉でも、他力といえばわかりません。しかし他力がわからなくても、〝おかげさま〟といっているんですね。〝すみません〟ともいう、〝ありがとう〟ともいう。私たちのいうそれはお上手ですが、そのお上手をどこでおぼえたか、きっと遠い祖先のうちに純真な人があっての言葉でしょう。その祖先の使った言葉の心がなくなって形だけがのこされて使っているのですね。ですからそういう言葉が口先だけでなく、心から使えるようになった時、それが仏法ではないでしょうか。何の能もなくても、心から本当にこう生きていると、おかげさまだと心からいえるようになったなら、それがもう仏法なのでしょう。

「称仏六字《しょうぶつろくじ》　即嘆仏《そくたんぶつ》　即懺悔《そくさんげ》」（『尊号真像銘文』・聖典五二〇頁）という言葉があります。おかげさまという言葉は、今日あることのありがたさを讃《たた》えているのであり、すみませんは人間生活のあさましさを懺悔しているのです。こうしてみますと、他力とはわからんといいますが、開きなおるからわからなくなるので、我われが日常使っている言葉を心からいうことができるようになれば、それが他力なのです。

〝ありがとう〟の言葉

ハワイの大巴さんに頼まれた序文にも書いたのですが、念仏がわからんという人でも、「馬の耳に念仏」ということは知っているのですね。だからその人は馬の耳でない。馬の耳に念仏ということがどういうことであるか、馬の耳に念仏のありがたさはわからないということに違いありません。そうしますと念仏とはありがたい、南無阿弥陀仏はありがたい。しかし、そのありがたいことがわからん。つまり人間生活のありがたさがわからん。そしてわかることといえば、儲《もう》かるか儲からないかということだけである。だから馬の耳に念仏ということは知っていながら、念仏がわからんという人は、さて自分の耳は馬の耳でないかと考え直してもいいのではないか……、と書いてみたのです。こういう意味からも、お念仏は単純なものです。

私たちは、〝ありがとう〟ということをいつも口にしますが、こんないい言葉は他にないのではありませんか。英語では〝I thank you〟で、私があなたに感謝するとなります。私とあなたの二つをありがとうで結びつける。しかし日本人は、私、あなたなどといわないで、ただありがとうという感じの上に、私とあなたを見出そうとするのです。お念仏の上において、仏と自分を見出そうということと同じように、ありがとうという言葉の上に相手と自分を見出そうというのです。

二つの真宗

私は近ごろ『教行信証』が二部作である[註]ということを思っているのですが、二部作であるということはどういうことであるか、『教行信証』をどうしてそうみられるかということについて、いろいろ考えてみたのです。

それは真宗というものに二つあるということです。まだ日本が米軍に占領されていた時代でしたが、むこうの有志によってアジア協会というのが作られておりまして、そこで真宗のお話をしたことがあります。その時の原稿には、「真宗というのは親鸞聖人によってあらわされた仏教である」と書きました。それをむこうでは、「真宗は親鸞によって開きあらわされた仏教の一派である」と翻訳されているのです。これでは私のいいたいことと違うと訂正したところですが、そういう気持ちよりは、なるほどそれが常識的であるかということを反省させられました。その時から、二つの真宗というものがあるということが思われてきたのです。つまり「仏教の真宗」というものと「教団の真宗」とでもいいますか、二つの真宗が考えられるわけです。

それで仏教の真宗という時には、仏教といいましても本願を宗とし、名号を体とす。それより他にはないのです。だが仏教といえば、本願を信じ念仏申せば仏になるという他に、何かあるように思っている。けれども、それより他には仏教は何もないのであるというのが、つまり絶対の真宗とでも申しましょうか。

それに対して、歴史的にどういう理由で仏教の中から浄土真宗が生まれてきたかということになると、それは仏教の一派であるということになる。仏教といっても真宗だけではない、真言宗もあれば日蓮宗も天台宗も禅宗もある。その中の真宗ということです。こういうことは、いやとはいえないことでしょう。

仏教の一派である真宗の他には仏教の真宗というものはないと思っている人

もありましょうし、あるいは仏教の真宗というだけが真宗であって、教団の真宗というものは仮のものであるといわれる人びともありましょうが、どうもそういうふうに一概に言えないものがあります。卒直に申しますならば、この二面のあることは、いやしくも心ある人であれば、つまり宗教心のある人であれば、誰でも納得ができることと思うのです。

今日では、僧侶よりもむしろ在家のご信者の方が、ありがたいお話をしてくださるということです。『歎異抄』が広く親しまれていることでも、これはただ教団だけで用いる聖典であるとは考えられません。今では日本人の聖典であるのだから、親鸞聖人とか真宗というものも広く公開されているのです。

註　『教行信証』を二部作とする見方について、本書ではどこをその区切りとするかは明言されていないが、『金子大榮集（上）』（東本願寺出版刊）所収の「化身土巻の意義」などに前五巻（「真仏土巻」まで）と「化身土巻」とで分ける見方が示されている。

仏教の真宗

今、私の手もとに一通の文書が来ております。これによりますと、教団というのは一体何をしているのか、いちばん大切な教法《きょうぼう》の宣布ということが、いっこうに見るべきものがないではないかといっておられるのです。そしてその人は真宗を弘めている人なのですが……。ところで文化人とか知識人、あるいは評論家といわれる人たちは、よく仏教の悪口をいいますね。そしてその悪口は、仏教の悪口といいましても、だいたいは真宗の悪口に決まったものです。これは親鸞聖人の当時から、「念仏信ずるひとをみて　疑謗破滅《ぎほうはめつ》さかりなり」(聖典五〇一頁)でした。こうして念仏を信ずる人をそしるということがあったようです。

ですから、ほめられている真宗と、けなされている真宗とがある。この二つの真宗が『教行信証』にあらわされているのです。そしてそのほめられている真宗というのは、一宗一派に属するものではない。それを明らかにしてくださるのが「諸仏称名《しょぶつしょうみょう》の願《がん》」です。

たとい我、仏《ぶつ》を得んに、十方世界の無量の諸仏《しょぶつ》、ことごとく咨嗟《ししゃ》して、我が名を称せずんば、正覚を取らじ。（聖典一八頁）

よろずの仏は、みんな念仏をおすすめになる。また念仏をおすすめになるのは、みんな諸仏である。ですから「行巻」にも、七高僧だけでなく各宗の祖師方も諸仏の中に入っております。

諸仏が称名されているから、また各宗の祖師方も、みんな念仏の尊いことを説いておられる。その尊いという各宗の祖師方の教えを信じているところの人びとも、またみな真宗を称揚《しょうよう》される。

このように本当に本願を信ずる人というのは、必ずしも真宗という宗旨に属されないということが、また「信巻」に説かれています。ですから今日在家の方がたが、真宗の教えのありがたいことを説いてくださる。これみな諸仏なのです。

たとえば籍は他宗であっても、『歎異抄』を読んでありがたいと感じていれば、これも諸仏になるのであるといっていいのでしょう。その真宗というものの性格は、仏教の真宗であるところの絶対の真宗なのでしょう。法が普遍であるということは、どんな人をものがさず、どんな教えももらさないという意味において、機もまた普遍であるということです。

『教行信証』の第一部にあらわされている機というものは貪愛瞋憎《とんないしんぞう》で、つまり、愛と憎しみをはなれることができないものです。本願の対象となる機は、老少善悪《ろうしょうぜんあく》の人を選ばないのですが、それを親鸞聖人は「そのゆえは、罪悪深重《ざいあくじんじゅう》煩悩熾盛《ぼんのうしじょう》の衆生をたすけんがため」（『歎異抄』・聖典六二六頁）と解説されました。その罪悪深重煩悩熾盛ということは人間の姿で、どうしても人間はそれからはなれることができない。それが人間の根性というものである。その機に対しての法であるから、あくまでも普遍の法である。いつでもどこでも、これより他に救われる道がないということ。したがって、誰でもどの宗旨の人でも本当に志すならば、本願を信じ念仏申せば仏になる、ということになるのです。

教団の真宗

ところがもう一つの真宗は、歴史的にできたものです。浄土教というものは後からできたのであって、その根本には大乗経典があり、その元に原始仏教がある。お釈迦さまはお念仏で浄土に行くなんて説いておられない、という学者もありますが、そういうこともあるのでしょう。

どうして浄土教ができてきたか。その歴史的事情を背景として、そして現にここにあるのが宗門としての真宗、東西両本願寺が代表しているその真宗というものがある。その歴史的な真宗を開かれたのが、そのもとは法然上人です。そのことを親鸞聖人が明らかにしようとされた、それが『教行信証』の第二部なのです。

それは『教行信証』第六巻、「化身土巻」に、ていねいに説かれてあります。浄土真宗は法然上人の教えによって、開かれたものには違いありません。そのことをはっきりとうち出されたものが、この「化身土巻」です。「行巻」「信巻」にはそれがありません。

絶対の真宗は諸仏の教えである。ところが、教団としての真宗は善知識によるものである。善知識は必ず諸仏であっても、諸仏は必ずしも善知識ではない。善知識には偏依《へんね》ということがある。偏依ということは、ただその人だけによるということです。法然上人が「偏依善導一師《へんねぜんどういっし》」といわれました。どなたのおっしゃることも、尊いには違いはない。けれども心からそれを信頼し、その教えに順《したが》っているのは、法然にとっては善導だけである。法然は、善導大師のお言葉によって救われた。それで偏依善導一師といわれる。そのように親鸞聖人の偏依の善知識は、法然上人であったのでしょう。七高僧となると偏依ではありません。むしろ諸仏の代表者なのでしょう。だから仏教の真宗としては、七高僧は代表者といっていいわけです。

ところが歴史的な真宗になりますと、親鸞聖人は偏依法然でしょう。法然上人は偏依善導であり、善導大師にすれば偏依釈尊ですが、その釈尊とは『観経』でしょう。仏教はたくさんありますが、善導は『観経』をとくに釈尊の説教といただかれたのです。

現世利益《げんぜりやく》をはなれて

このように伝承されているところに、教団の浄土教というもの、教団の真宗というものがあるのでしょう。そこには、なぜ私たちは親鸞聖人でなければならないか、ということがあります。親鸞聖人にすれば、法然上人でなければならないということが、どうしてあるのかというと、そこには他の宗旨ではだめで、これでなくてはという歴史的な意義があると、こう述べておられるのです。

その歴史的意義をずっとたずねてみると、何よりも明らかなことは、現世利《げんぜり》益的《やく》なものは本当の仏教ではないということです。祈願《きがん》や祈禱《きとう》をしたり、また、国家安穏家内安全というようなことは本当の仏教ではない。仏教はそういうもの、つまり現世の幸福を願うということからはなれようというのが本来の精神であったのです。ですから「化身土巻」は、

しかるに濁世《じょくせ》の群萌《ぐんもう》、穢悪《えあく》の含識《がんしき》、いまし九十五種の邪道《じゃどう》を出《い》でて、半満《はんまん》・権実《ごんじつ》の法門《ほうもん》に入《い》るといえども、真なる者は、はなはだもって難《かた》く、実なる者は、はなはだもって希《まれ》なり。偽《ぎ》なる者は、はなはだもって多く、虚《こ》なる者は、はなはだもって滋《しげ》し。（聖典三二六頁）

という言葉から出発しております。

濁世の群萌、すなわち人間というものの中には、九十五種の邪道を出て仏教に入ったものがある。だからそれらの人びとは、生死《しょうじ》の問題、人間はいつ死ぬかわからないという、その生死の悩みを解くべきものである。だから本来この

世の幸福とか、この世の損得とかをはなれて、本当の自覚の道を求めるというところに、仏教を求むるものの本来の意義があるのです。ところが事実はそうはいかない。「真なる者は、はなはだもって難く、実なる者は、はなはだもって希なり」、これが歴史上の事実であったのでしょう。

親鸞聖人は二十年の間、比叡山におられた。この比叡山は聖人にとってどういうことであったのか。仏道修行の道場でありながら、実際はそうでなくて祈禱仏教になってしまっていたのです。これではいけない。この仏道の外道《げどう》化、邪教化を脱するためにできたものが、浄土教です。こういうことが、「化身土巻」で説こうとされているおこころなのです。

本筋の仏教

このように浄土の教えはどこから出てきたかというと、仏教の外道化から守ろうとするためです。外道化を脱して本当の仏教にあらしめたいという心が、すなわち浄土を願うことです。それが比叡山で心ある人に行われた後生菩提《ごしょうぼだい》ということです。

後生ということと、菩提ということとは、言葉の感じが違います。たとえば、道元禅師《どうげんぜんじ》のような方は菩提を求められた。しかし後生は願われなかった。それが後生を願うということと菩提を求めることとが一つのことになったのは、事実上本当に菩提の道を求めるとすれば、後生を願うことの他にその道はないということでしょう。それが後生菩提ということであったのです。

ですから、比叡山での聖人は修行ができなかったということでもあったのでしょうが、また比叡山行が嫌だったということもあったのでしょう。国家安穏ということでお祈りをする、これが仏教なのかというふうなこともあったに違いありません。これが本当の仏教なのか、それは人間の幸福を求める心におもねるもので、本当の仏法とはいえないのではないか、というお気持ちであったのでしょう。そこで後生菩提ということが出てきたのです。

したがって、その後生菩提ということを徹底することになると、ついに比叡山の修行もすてて、法然上人の専修《せんじゅ》念仏一筋に——というところへ到達されたのです。それが浄土教の成り立ちなのです。それで学問的には、浄土教が本筋の仏教からそれたようにいわれますが、そうではなくて、本筋の仏教を本当に守りぬこうというところから浄土教が生まれたのであるということ、これが親鸞聖人のご領解であったと思います。

罪福心をはなれて

浄土教というものは、本来、罪福心に結びついて、はなれないものです。罪福心とは、幸せになるために善いことをすればいい、悪いことをすれば不幸せになるという考え方です。それは外道の思想なのです。

しかるに、それが浄土を願う心の中にもついてまわる。そこで念仏していても、たえずそのような罪福を信ずる心がとれない。それをとりのぞいて純粋に本願を信じ念仏申すという、身近なものにしようとするのが真宗なのです。

だから、仏教が邪教化することをまぬがれしめたのが浄土教ですが、その浄土教にもつきまとうところの罪福心、いいかえれば自力の根性ですね。それを離れしめようというところに、真宗の教団というものの意味があるのです。だから真宗の教団は、そういうような意味において、どこまでも自力の心の離れがたいところの、我われの心を反省せしめ、そしていつでも、いわゆる絶対の真宗、本当に開かれているところの、真実の真宗に帰するようにせしめなければならないという、そういう役割を持っているのです。

だから、形はどこまでもどの宗旨でもない真宗であるという相対の形をとっているのですが、精神はその形を超えて真実の大道に帰せしめようという意味を持っているのが真宗の教団というものです。そこには、そのように導いてくださる善知識というものが大事であり、またそこにおいて、ことに反省しなければならないことは、いつでも我が宗賢《しゅうかしこ》しと考えるところの邪見憍慢《じゃけんきょうまん》です。そうした心をはなれて、本当に本願の大道に帰せしめなければならないというところに、そこに相対的になっている歴史的な真宗があるのです。

真宗の宗風

ですから「化身土巻」は『教行信証』六巻のうちでも、とくに長いのです。それが本末の二巻にわかれていまして、その末巻に「余道《よどう》に事《つか》うることを得ざれ、天を拝することを得ざれ、鬼神《きじん》を祠《まつ》ることを得ざれ、吉良日《きちりょうにち》を視《み》ることを得ざれ」（聖典三六八頁）といってあります。現世の幸福をいのることは何といっても仏法ではない。そのことを明らかにしなければならないということが、何といっても、私は真宗の宗風であるといいたいのです。宗祖聖人にしましても真宗というものであれば、その宗風として、このことだけを明らかにしたいというお心であったと思うのです。

宗風があるところには、おのずから教風がある。真宗の教団の教えとはどういうものであるかということを、この「化身土巻」を拝読しながらつくづくと考えさせられるのです。

さてこの「化身土巻」に「説人《せつにん》の差別」（五種人説）という説があります。

経家《きょうげ》に拠《よ》りて師釈を披《ひら》きたるに、「説人の差別を弁ぜば、おおよそ諸経の起説、五種に過ぎず。一つには仏説、二つには聖弟子《しょうでし》説、三つには天仙《てんせん》説、四つには鬼神《きじん》説、五つには変化《へんげ》説なり。」（聖典三五七頁）

とありますが、お経が説かれるのに五種あるということです。そして「四種の所説は信用に足らず。この三経はすなわち大聖の自説なり」（同前）といってあり、仏説だけが信用できて、三部経は仏説であるといってあります。

それだけのことを考えてみますと、今日の学問からいえばいろいろなことをいいたいのでしょう。三部経がお釈迦さまの説だということが、どこに証拠があるのかなどと、いろいろなことをいいたいのでしょう。が、しかし、私は祖師のお心持ちをこう拝受するのです。つまり、真宗教徒は尊い教えを聞いていこうではないか、弟子の説というのは何といっても思想的に築きあげられたものではないかといわれるのでしょう。だからインドにおける龍樹とか天親とか、このような祖師方の思想でも弟子説です。

そういうような方々の書物を拝読しますと、どこかで理論的に築きあげようという考え方があるようです。いや昔のことでなくても、今日でも宗教哲学という学問の分野があって、宗教を理論的に築きあげていこうという、このことは間違いはないのですが、その立場の上で考えていこうとする。このことは、いいかえれば、学問的な立場ですね。真宗の宗教は、学問的な立場というものがなくてもいいのではないかということを、また信用しなくてもいいのではないかということを、言おうとされるのであろうと思います。ですから真宗の教えは学問でないといってよいわけです。

教えにより人生を学ぶ

先日もある方の書物を読んでいまして、実はすっかり感心させられたのですが、しかし何か理づめの感じがしました。否応なしにだんだんと理づめにしてしまって、だから念仏を信ずるより他ないんだというところまで導いてあるのです。読み終えて疲れを感じました。

しかし、私は学問ではないということを、一概にはいいたくないのです。学問であるには違いない。しかし学問は身に受けていくものである。自分の身に受けて、心に問うて、それが身についていくかいかないかが問題なのです。そういう意味において、教えを聞くことは人生学なのです。それはただお経の解釈ではない。解釈だけではいくらわかっても役に立たないのです。ですから、それは教えによって人生を学ぶということです。教えを聴聞《ちょうもん》して、そして本当にその通りにいくだろうか、そういう気になれるかどうかということが学問であると考えます。ですから聴聞することも学問なのでしょう。教えを知るということは、教えが自分の上にどのように受けとられたかということなのです。

これは私だけのことかもしれませんが、私は仏教を研究しましても、その思想が誰の思想であるかということは、あまり詮議《せんぎ》したくないのです。たとえば唯識《ゆいしき》という学問がありますが、私は唯識ということがわかればそれでいいのです。ところが近ごろはそうでない。同じ唯識でも世親《せしん》の唯識あり、安慧《あんね》の唯識ありり、護法《ごほう》の唯識ありというのですが、それは私にはかまわないのです。もう一つ申しますと、唯識がわからなくてもいいのです。その唯識という思想の中に、自分の胸にひびくもの、それだけでよいのです。

と考えますと、自分勝手なことをいうようですが、しかし親鸞聖人のお書きになったものを見ましても、いちいちについてこれが曇鸞《どんらん》のお考えだとか善導のお考えであるということを、そんなに厳密にいわなければならないと思っていらっしゃらなかったと思うのです。曇鸞という人はこういう人であったから、どうしてもこうなんだというような現代の学問のようなことはいっておられないのです。

生活にひびく教え

もう一つ気づきますことは、聖教《しょうぎょう》に取意《しゅい》の文《もん》ということがあります。取意の文ということは、本文とは違った言葉で引用されてあるものです。たとえば第

十八願は、

説我得仏《せつがとくぶつ》　十方衆生《じっぽうしゅじょう》　至心信楽《ししんしんぎょう》　欲生我国《よくしょうがこく》　乃至十念《ないしじゅうねん》　若不生者《にゃくふしょうじゃ》　不《ふ》取正覚《しゅしょうがく》　唯除五逆《ゆいじょごぎゃく》　誹謗正法《ひほうしょうぼう》（『大経』・聖典一八頁）

とあります。それを善導大師は

若我成仏《にゃくがじょうぶつ》　十方衆生《じっぽうしゅじょう》　称我名号《しょうがみょうごう》　下至十声《げしじっしょう》　若不生者《にゃくふしょうじゃ》　不取正覚《ふしゅしょうがく》（『往生礼讃』）

といっておられます。これは第十八願と文言は違うが、その意をとって述べられたものです。ですから善導大師のお心から申しますと「外に賢善精進《けんぜんしょうじん》の相を現じて、内に虚仮《こけ》を懐《いだ》くことを得ざれ」というのが本当かもしれませんが、宗祖は「外に賢善精進の相を現ずることを得ざれ。内に虚仮を懐けばなり」といってありますのも、取意であるといえましょう。

それを読み違いだとか、卓見《たっけん》だとかいわれますが、私はそうは思いません。そういうふうに記憶されたのだと思います。善導大師の書物をずっと見ておられるうちにそのように感じ、そしてそのように受け入れられて、親鸞聖人の生活をうるおしたのです。

ですからこの人はこうだ、あの人はああだと吟味するのではなしに、そのお言葉が自分の生活にどうひびくかということが、学問であるに違いないのです。だから学問とは、あの人の考えはどうの、この人の考えはどうのというようなことを、高い立場から批判するようなものではないということを言いたい。それが、先ほどの五種人説（本書二二三頁）というものであろうかと思います。

だから、仏教に五つの説があるということは、弟子の説でもなければ、その他の説でもない。ただ仏説であるといわれるのは、裏から申しますと、ただ教えを聴聞《ちょうもん》してそれを受け取れるか、感ぜられるか、どうしても感ぜられないものはそれとしておこう。どこか少しでもわかれば、それをどこまでもわかるまで聞いていこうというのが、それが真宗の宗風《しゅうふう》であると、はっきり私はいいたいのです。他の宗旨《しゅうし》はどうかしりませんが、真宗の学風は理論の上に立っていこうというのではなくて、尊い教えを、よき人のおおせをこうむりて、そしてこの尊き教えがどれだけ身についてゆくかということです。

人格的感化

次に「化身土巻」を拝読して思いますことは、正像末《しょうぞうまつ》の三時《さんじ》とか五箇《ごか》の五百年ということがいってあることです。正法《しょうぼう》の時には教・行・証の三法がそなわっている。像法《ぞうぼう》の時には教・行があってもさとりうるものがない。末法になると教のみである。あるいは正法の時には多くの坊さんがおられて戒を保っておられる。像法になると破戒、末法になると戒を保つものすらない、といっておられますが、今日の仏教の本筋からたずねられますと、真宗は破戒どころか無戒であるという批難を受けます。だから少々は戒があってもよさそうなものである。何とかこれだけはというものがあってよさそうである。いいかえれば、身に徳というものがあってもよさそうなものである。

しかるに、正像末の三時とか五箇の五百年などということがいわれていることは、真宗は人格的感化の宗旨ではないということをおっしゃっておられるのであると思うのです。人格的な感化という概念は、今日ではもう考えられないことです。しかし、今でも我われ僧侶に対して注文されることは、人格的感化ということなのです。

いいかえれば、教化ということでしょう。教化ということは、人を指導することです。けれども、人が人を教化する時代はもう終わってしまったのだと私は考えます。親鸞聖人もそう考えておられるのです。

しかし、もし教化という言葉があるならば、〝教えに化せられる〟ということで、それには僧侶も在家も別はないのでしょう。教えを説く、聞くといわないで、語る者も聞く者も一緒になって教えを聞こうではないか。坊さんのお徳でということを考えないで、人格的感化ということを考えないで、ただ尊き教えだけを受けていこうというのが、真宗の教えというものであるといってよいのです。

正しい人間観

そうしますと、最後にのこる問題は、親鸞聖人が最後まで衣《ころも》をぬがれなかったのはなぜかということです。僧侶と在家の区別がないのであれば、非僧《ひそう》非僧であるのを非僧非俗《ひぞく》とおっしゃったり、釈《しゃく》の親鸞といわれたのはなぜであろうか。また「愛欲《あいよく》の広海《こうかい》に沈没《ちんもつ》し、名利《みょうり》の太山《たいせん》に迷惑《めいわく》して」（「信巻」・聖典二五一頁）といっておられる。しからば衣をぬがれたらいいのではないか、ということになるのです。しかし衣をぬがれなかった。これは一体なぜでしょうか。

私は年に一、二度東京へでかけますが、東京で話をするのに衣と袈裟《けさ》で話す人はまれであるらしいです。たいていは洋服で話される。洋服の方が聞きやすいと、そういうこともいわれています。衣を着て話されると、坊さんの話かといって、それなりに予定概念が出てくる。それに日本人のことですから、坊さんをみると縁起が悪いということもあるのでしょう。それが坊さんの話を聞くことを嫌がらせるのではありませんか。つまり仏法は、つきつめれば、たとえ浄土真宗であろうとも、結局は生死の問題をどこかではっきりさせなければならないものでしょう。私の感じでは僧服を着用しない人の話は、たとえ人間の生活を語っても、厭離穢土欣求浄土《おんりえどごんぐじょうど》ということを思いきっていっておられないように思われるのです。

ある雑誌に、「御恩報謝《ごおんほうしゃ》」ということについて書かれてあるのを読みまして、感じたことです。その本には、御恩報謝ということは一般でもいわれていることであって、世の中というものは互いに恩をこうむっているものであるから、おかげさまでということで過ごさなければならない、ということが書かれてありました。

けれども、親鸞聖人には人間の生活はすべて御恩報謝と思えとはいっておられません。ただ念仏することのみが報謝であるといってあります。なぜ念仏だけが報謝であって、他のことが報謝にならないのかということを考えますと、一般にありがたいということの概念は、生きているということがよいことだということを予定しているのです。生きていることはよいことなのですから、生かしてもらっていることがすべてありがたいことになる。そこから、いわゆる報恩《ほうおん》主義ということが出てくるのです。私たちも青年の頃に恩寵《おんちょう》といって、何もかも御恩だ御恩だといったことがあります。しかし御恩と思うその下心は生きているんですから、もしそこに生きていることはつらいことだという生の悩みを感ずる魂があって、そういう魂から人間生活をみると、結局、人間はお互いに害しあっているのではないかという、そういう世界観が出てくるのは当然ではないでしょうか。

現世にいろいろな苦難を経てきたものは、こんな苦難を受けて生きるとは、何と人間の一生は辛いことであるか。よくよく考えてみると人間は闘争して、害しあって生きている。こういうところに罪悪深重《ざいあくじんじゅう》ということがあるのです。

しかしそれは厭世《えんせい》観ではありません。厭世観だということでかたづけることができないのでしょう。人生に疑いを持つから懐疑《かいぎ》思想とか厭世観とか、そういう言葉でおどかされますが、しかしそれは事実と違います。明らかに人生をみたのではありません。「煩悩具足《ぼんのうぐそく》の凡夫《ぼんぶ》、火宅無常《かたくむじょう》の世界は、よろずのこと、みなもって、そらごとたわごと」（『歎異抄』・聖典六四〇～六四一頁）と、こういうことが正しい知見《ちけん》です。仏教では如実知見《にょじつちけん》といいます。正しい世界観のことです。正しい人間観です。だから世の中がいとわしいというのが正しい感情なのでしょう。その悲しい、悩ましい人生をありがたい一生であると解せしめるものは、本願を信じ念仏申すより他になく、そこに御恩報謝ということがある。それが、「唯能常 称如来号《ゆいのうじょうしょうにょらいごう》 応報大悲弘誓恩《おうほうだいひぐぜいおん》（ただよく、常に如来の号《みな》を称して、大悲弘誓《ぐぜい》の恩を報ずべし）」（「正信偈」・聖典二〇五頁）ということなのです。そこまで立ちもどってはじめて、お互いに信頼し、助けあっていることは御恩だということにもなるのでしょう。

けれども、仏教本来の立場からは、生きることは悩みであり、苦難であるというところから出発したものであることを、姿かたちであらわすのが坊さんではなかったのでしょうか。だから坊さんを嫌がって縁起が悪いというのですが、私はそういう感じを与えるところに意味があると思うのです。人間には何の徳もないのだが、僧侶の法衣《ほうえ》を着てあるべきだとお考えになられた。衣に功徳《くどく》があるのだといわれるのです。ですから『歎異抄』にも、そしる人あれば信ずる人があるといってありますが、そこに教団真宗の意味があって、そしられながら、そこに真の道を念ずるという宗団的な場があって、それを超えて絶対的な真宗を忘れないようにしていこうということがあるのです。もし教団的な真宗がなくなってしまったら、それはすべて壊滅するかもしれません。

「宗旨《しゅうし》伽藍《がらん》は人のつくるところなり、しいて維持《いじ》せんと欲すれば、かえって我執《がしゅう》なり」と行誡《ぎょうかい》上人がおっしゃったように、教団は滅びるかもしれません。しかしそれがなくなった時に、はたして本当の宗教である真宗がのこるであろうか。そこに相対的なものに執着してはならないという、そういうものがあると同時に、また相対的なものにも役割があって、我われは親鸞聖人の弟子として、真宗に属する僧侶として、聖人の教えを聞く流れの門徒として信徒として、そうして念仏申させていただくことができるという、特別な意義というようなことも感じさせていただくことができるのです。

仏教の真宗を本当に身につけさせていただくことは、真宗の門徒であったからというような意味のものがあるのではなかろうかと思うのです。

おわりに

本書は真宗大谷派が発行する月刊誌『同朋』における金子大榮氏の連載（一九六五（昭和四十）年一月号から一九六六（昭和四十一）年六月号）を書籍化した『真宗入門――『教行信証』のこころ――』を文庫化したものです。

特に弊派では、二〇二三年に宗祖親鸞聖人御誕生八百五十年・立教開宗八百年慶讃法要をお迎えいたします。本書が一人でも多くの方にとって、本願念仏に出遇われた聖人の慶びと、その教えにふれるご縁となることを願っています。

最後に文庫化に際し発行をご快諾いただきました仲谷伸子氏、金子正美氏に厚く御礼申し上げます。

なお、文庫化にあたり、文言の整理など、若干の編集を行いました。その編集責任は東本願寺出版にあることを申し添えます。

二〇二一年十二月

東本願寺出版

金子　大榮（かねこ　だいえい）

1881（明治14）年、新潟県生まれ。真宗大学本科卒。東洋大学教授、真宗大谷大学教授、広島文理科大学講師、大谷大学教授、大谷大学名誉教授を歴任。1976（昭和51）年10月20日、逝去。

著書『仏教概論』『彼岸の世界』『日本仏教史観』『教行信証講読』『歎異抄聞思録』など多数。主なものは『金子大榮選集』に収録。

浄土真宗《じょうどしんしゅう》とは何《なに》か—『教行信証《きょうぎょうしんしょう》』のこころ—

2021（令和3）年12月28日　第1刷発行

著　　者　金子大榮
発 行 者　木越　渉
編集発行　東本願寺出版（真宗大谷派宗務所出版部）
〒600-8505　京都市下京区烏丸通七条上る
TEL　075-371-9189（販売）
075-371-5099（編集）
FAX　075-371-9211
印刷・製本　中村印刷株式会社
装　　幀　浜口彰子

ISBN978-4-8341-0640-4　C0115